SPEAKING YOUR MIND

IN 101 DIFFICULT SITUATIONS

5分钟和陌生人成为朋友 II

101个瞬间化解尴尬的沟通技巧

[美] 唐·加博尔◎著　何　云◎译

中华工商联合出版社

图书在版编目（CIP）数据

5分钟和陌生人成为朋友Ⅱ，101个瞬间化解尴尬的沟通技巧
/（美）加博尔（Gabor,D.）著；何云译.—北京：
中华工商联合出版社，2012.4
ISBN 978-7-5158-0183-4

Ⅰ.①5… Ⅱ.①加… ②何… Ⅲ.①人际关系－通俗
读物 Ⅳ.①C912.1-49

中国版本图书馆CIP数据核字（2012）第067193号

北京市版权局著作权合同登记号：图字 01－2012－1799 号

5分钟和陌生人成为朋友Ⅱ
SPEAKING YOUR MIND IN 101 DIFFICULT SITUATIONS

作　　者：［美］唐·加博尔
译　　者：何　云
策划编辑：郑春蕾
责任编辑：方　伟　和冠欣
装帧设计：水玉银文化
插画设计：孙易安
责任审读：李　征
责任印制：迈致红　王素娟
出　　版：中华工商联合出版社有限责任公司
发　　行：中华工商联合出版社有限责任公司　北京东方智库文化传播有限公司
印　　刷：北京普瑞德印刷厂
版　　次：2012年7月第1版
印　　次：2012年7月第1次印刷
开　　本：730mm×960mm　1/16
字　　数：210千字
印　　张：15.25
书　　号：ISBN 978-7-5158-0183-4
定　　价：29.80元

服务热线：010-58301130
销售热线：010-58302813　010-62239845
地址邮编：北京市西城区西环广场A座
19-20层，100044
Http：//www.chgslcbs.cn
E-mail：cicap1202@sina.com（营销中心）
E-mail：gslzbs@sina.com（总编室）

致谢

这本书献给我妻子艾琳，我的父母特鲁德和弗雷德，我的姐姐、姐夫埃伦和约翰·纽波特，我也要将这本书献给所有曾说过错话的人们——真希望这事儿没发生过。

我想特别感谢艾琳·考埃尔充满睿智的语言、成熟的编辑技巧以及在整个出版流程中表现出的耐心。感谢与我分享他们个人经历和给出建议的朋友们。我还想感谢谢瑞·比科夫斯基和保罗·法吉斯，他们是石歌出版社的编辑，他们的鼓励和指导极大地帮助了本书的创作。最后我还要感谢我办公室的猫，索菲，她一直坐在我的电脑显示器旁，陪了我几个月的时间，直到本书完成。

前言

一位丈夫真诚地对妻子说："这条裙子不错，如果你再减掉 15 磅，效果会更好。"妻子泪奔，冲出房间。丈夫郁闷地叫着："我都说了裙子不错，你怎么了？"

一位女士好心提醒同事说："你的嘴闻起来有股死鱼味。"他的脸瞬间涨成猪肝色，从此对她冷漠而疏远。女士辩解道："我就是开了个玩笑！"

你是不是经常说错话，得罪别人，然后只能尴尬地结束你们的交谈？你是否发现你的处境很困难，而你却不知道说什么或怎么说？有没有想过为什么有的人在闲聊过程中就可以结交朋友，而你的交谈总是以冷漠的、不友好的对视告终？

如何使用本书

《5 分钟和陌生人成为朋友Ⅱ》是一本对人际交往非常有实用价值的书。在第一部分"谁都愿意优雅而又得体地交谈"中你将了解 7 种至关重要的交流策略。这些策略可以帮助你建立信心，使自己有能力在困难的情况下说出自己的真实想法。你还能学到提高自己倾听技巧的相关知识，以便在棘手情况下保持镇静，成为一个有主见的交流者，并能够和难于相处的人进行交流。

在第二部分"职场和生意场上左右逢源的技巧"中，你会学到在

41种棘手情况下如何与老板、同事、下级和商业合作伙伴交谈的技巧；在第三部分“私人交往中游刃有余的秘诀”中，将涉及在60种棘手情况下如何与朋友、爱人、孩子、家庭成员和亲戚们交谈等内容。书中所举101种情况中的每一种都包括几个例子，你可以根据自己的情况灵活运用。

本书书中的第一部分介绍的策略和技巧涵盖全书其他部分内容。与你自己的情况相比较，在遇到特别的情境都可以参考第一部分的内容。这样你就能充满信心地知道在任何交谈中如何说出自己的想法。

这本书可以在哪些方面帮到你

这本书可以帮助你提升你的事业，在工作中帮助你提升职场人际关系，创造良好的工作氛围。如果你是个主管，这本书可以帮助你更有效地与员工沟通。如果你是单身人士，它将帮助你找到般配的伴侣。家长们：这本书可以指导你帮助自己的孩子在学校表现得更好，并使家庭生活更和睦。所有这些益处都通过巧妙地提高沟通能力而显现出来。那么，还等什么呢？翻过这一页，马上开始吧！

目录

第1部分 谁都愿意优雅而又得体地交谈

SPEAKING YOUR MIND

IN 101 DIFFICULT SITUATIONS

第1部分 谁都愿意优雅而又得体地交谈

第 1 章

得体交谈的 7 大法门

天哪！糟了，又惹麻烦了，每次都这样，我这张臭嘴！就此打住吧，不要再当谈话中的矮子了——快点采用下面 7 个得体交流的法宝吧。不过在此之前你首先要明白——

“得体”指的是什么

得体是一种能力：是认清情况的微妙之处并可以说出最深思熟虑、最适当的话。得体是要体贴别人，并在不冒犯对方的情况下，能果断施展自己谈话的技巧。这是一种能应对困难情境下的人或事的能力，是一种让对方听起来更舒服，更能接受的谈话技巧。

如果你对自己的沟通能力不太自信，“得体”对你来说似乎有不小的难度。还好，以下的简单方法就可以帮助你掌握得体交谈的基本要素。

T－A－C－T－F－U－L

英语 TACTFUL 意为“机智的，灵活的”。在这里，这个单词中的每一个字母都代表 7 大交流法宝中的一项，它们可以帮助你在任何难缠的交谈中挥洒自如。

T = Think（思考）开口前先三思
A = Apologize（道歉）当你犯了愚蠢的错误时，要马上道歉
C = Converse（交谈）要交谈，不要争执
T = Time（时间）抓住最好的交谈时机
F = Focus（关注）关注行为，而不是性格
U = Uncover（发现）发现隐藏的情感
L = Listen（倾听）倾听反馈

T = 开口前先三思

T 在 TACTFUL 中代表思考：“开口前先三思。”防止在语言上犯愚蠢的错误的最好办法是不要张口就说。避免不明智言辞的办法就是说话前先考虑一下你要说的内容、你想怎样说。很多嘴上没有把门的人没有意识到他们的“毒舌”对人们的伤害有多大。因此不要“脱口而出”，也不要用你残忍的诚实打击某人，不如先深呼吸，然后问自己：

“如果有人对我说这些，我会有什么感受？”
“我想怎样说这些话？”
“我希望得到什么样的回复？”
“我的期望合理吗？”

“别人在我说完之后会有什么反应？”

“我的评论是会伤人还是会帮人呢？”

在很多情况下如果你用一小会儿时间设身处地地为对方考虑，你就可以避免说一些愚蠢的话。用你自己的感受做试演。即使你只感到轻微不快，那也说明你要说的话对对方是个伤害，在这种情况下不要再说一句话，直到你能重新组织自己的语言，并以更周全的方法表达自己的观点。

A = 当你犯了愚蠢的错误时，要马上道歉

A = 在 TACTFUL 中代表道歉：“当你犯了愚蠢的错误时，要马上道歉。”我手头就有这样一个案例：当简的一位同事把自己的丈夫介绍给她时，简脱口而出：“安，我本来以为你丈夫会很年轻的。”当注意到这对夫妇尴尬地对视了一眼，笑容变得僵硬时，简意识到自己犯了错误，她迅速道歉并转换了话题。

每个人都会时不时地犯错误，当你说错话之后，一定要及时弥补错误。关注对方语言和肢体方面的反应，你就知道是否需要道歉，如果你真的说错了：

- 立刻道歉
- 承认自己的错误
- 不要找借口，因为你可能因此给自己挖了一个更大的坑
- 带一点幽默感地重复一下你的歉意
- 转换到一个积极的话题

简要将自己造成的伤害最小化，可以说这样一些话：“我很抱歉，安。因为你总是谈到你‘年轻’的丈夫，所以我以为他可能也就二十出头，而不是像眼前这样一位‘出色’的绅士！对了，我知道你们俩刚从欧洲度假回来，快给我讲讲你们都去哪里了？”

C＝要交谈，不要争执

C 在 TACTFUL 中代表交谈："要交谈，不要争执。"你们的谈话是不是像是在争吵呢？而且还要分出胜负？你的目的是利用自己的学识和语言技巧打击对方的观点吗？还是为细节争论不休？抑或是想纠正别人的错误，让别人为你而倾倒？如果展现出这样的攻击性，那么你肯定会给人们留下"深刻"的印象，可惜这样你就错了。喜欢争胜的交谈者可能会把与他人交谈看成是辩论，而不是信息、观点和感受的交流，这就会使自己显得莽撞且乏味。

想要灵活地沟通，就用少带进攻性的方法和更随意的交谈风格取代充满火药味的方法。这样，当你表达自己的观点时，人们将更愿意去倾听，哪怕你的观点和他们自己的观点相左。

T＝抓住最好的交谈时机

T 在 TACTFUL 中代表时间："抓住最好的交谈时机。"在开始一段交谈之前，要确定你的听众已经做好准备。如果你的想法表达得太早或太晚，你就浪费了精力和机会。但要怎么知道什么时机最"完美"呢？这样的时刻很少出现，但是至少我们可以做到更好，例如在下列场合要避免讨论敏感的个人话题：

- 在公共场合，和朋友或者与同事们在一起时
- 对方刚下班回家的时候
- 早上的第一件事
- 当你或者对方情绪低落时
- 当外界的干扰如电视、孩子、电话铃声不断出现使谈话无法在不受干扰的情况下进行时

如果你能做到如下几点，你的交谈能力将得到提升：

- 选好交谈时间
- 选择合适的切入点
- 不要强求对方立刻回应或认同
- 表现出倾听的意愿

为了强调交谈过程中你对时机的重视，也为了方便对方有机会认真考虑你的问题、感受、要求及观点，你可以说：

“我不急着知道你的决定，我们可以在你觉得合适的时候再谈。”

F＝关注行为，而不是性格

F在TACTFUL中代表关注：“关注行为，而不是性格。”比如，你有没有让你挠头的、难缠的朋友？有的人喜欢抱怨、消极、拖延，还总是找借口。不管怎样，当朋友的行为危害到你们的关系时，你有权提出来。而明智的办法是你的话要针对那些烦人的行为而不是将重点放在改变他或她的性格。记住，改变某种行为总要比改变性格容易得多。

例如，可能你有一个“完美主义者”式的朋友，他有一个烦人的习惯——在别人说话的时候总喜欢纠正诸如语法或细节的错误。不要因为朋友的这种强迫性性格感到羞怯、难堪或者恼怒——你没办法改变它。当下一次你的朋友反驳或者纠正你时，你可以平静地把他叫到一边，说一些这样的话：

“约翰，我们私下谈谈好吗？我知道你想帮助我，可是在我讲话的时候，你总是不断纠正我，这样做很粗鲁，而且让我看起来很傻。这真的让我很不舒服，也让所有人感到难堪。希望你忽略那些无关紧要的细节，让大家了解主要内容，我这样的要求不会很过分吧？”

如果你的朋友告诉你他只是想澄清事实，你可以说：

“当你在大家面前纠正某个人时——即使你是对的——这种行为让你自己感觉不错，可代价是让别人像个傻瓜。如果你忍不住要纠正别人，你可以私下里提出来，这样会得体很多。”

U = 发现隐藏的情感

U 在 TACTFUL 中代表发现：“发现隐藏的情感。”如果你尝试发现并理解对方的感受，那么将困难的事说出来会变得容易。比如，如果忧心忡忡的父亲暗示你的投资计划不是很妥当，你不要说：

“别再把我当做孩子了，这是我的钱，我想怎么处理是我的事！”

这种典型的、防御性的、孩子气的反应不会让家长对你的信心有任何提升。要找出潜藏在这种批评背后的情感。可能父亲想要阻止你犯他之前曾经犯过的错误，而那错误曾经让他损失惨重，教训深刻。或者他对自己的未来财务状况感到担忧，但又不知道如何直接告诉你。当你发现了这些批评背后的担忧才是真正的原因时，你可以整理一下自己的情绪，指出真正的问题所在。你可以说：

“爸爸，谢谢你对我的投资项目的关心，不过我觉得你心里还对其他一些事情有担心。是不是发生了一些什么事情，你想和我说说吗?”

L = 倾听反馈

L在TACTFUL中代表倾听：“倾听反馈。”糟糕的倾听通常导致仓促的评论。仓促通常是因为你想要主导交谈过程而不考虑对方说些什么。反过来，在你仔细听了对方的意见和反馈后，你就会了解对方是否理解了你的观点和感受，你也能了解到他（她）感兴趣的话题，进而将谈话引向更深的层次。下一章，我们将学习10种提升倾听技巧的方法，你的沟通技巧也将因此得到提高。

使用TACTFUL策略时还应注意的“要”和“不要”

- **不要**向对方过于主动提供你的建议。
- **不要**使自己显得谄媚、高人一等或尖酸刻薄。
- **要**明白对你有用的对别人不一定奏效。
- **不要**进行人身攻击。
- **要**先说主要观点，如果有必要再提供细节。
- **不要**期待别人总是听从你的建议或者同意你的看法。
- **要**倾听弦外之音。
- **不要**建议人们进行很难做到的改变。

第 2 章

10 种提升倾听技巧的方法

当一个人对你所说的话感兴趣并反应积极的时候，你会有什么感觉？当然是有点飘飘然！因为有人认为你言之有物。一个兴致盎然的倾听者会让你感到被重视、有信心从而自我感觉良好。从另一方面来讲，大多数人会把心不在焉的听众看做是无礼的人——这些人对别人的观点、感受和经历不感兴趣也不愿意了解。糟糕的倾听技巧会导致武断的评论，这样做很容易导致人际和业务上的冲突。选择权在你——倾听或者置之不理。那么，到底怎样才能够向对方表明你在倾听呢？

以下是 10 种可以有效提升你倾听技巧的方法：

- 将注意力全部集中到对方身上
- 鼓励对方先开口
- 关注并善用肢体语言
- 避免不必要的打断
- 抓住关键词
- 有反馈地倾听

- 澄清隐藏的观点
- 辨别并关注于主要观点
- 回顾并罗列要点，然后得出自己的结论
- 认可对方的观点

将注意力全部集中到对方身上

外部和内部的干扰是影响倾听的主要因素。因此，提升倾听能力的第一个方法就是尽量消除各种干扰。这能使你集中全部注意力来关注某人，从而可以关注到对方的肢体语言、所说的话，以及他没有说出口的话语及话外之音。

外部干扰包括不断闪烁的电视或者沙沙作响的收音机、尖叫的孩子、突然响起的电话铃声、把玩手中的笔、随手涂鸦或者准备饭食。以下是一些能够消除外部干扰的说话方式：

“我想在讨论这个问题的时候关掉电视（收音机），因为我觉得我们都需要认真倾听。”

“我想在我们谈话的时候把手机关了，这样就不会受到干扰了。”

“我已经把‘请勿打扰’的牌子挂在门口，这样我们就可以不受打扰地进行交谈了。我真的很想知道你要说什么。”

来自内部的干扰虽然不像外部干扰那么明显，但也会对倾听产生不利影响。内部干扰包括胡思乱想、忧虑、走神、过多地做笔记、只关注事实或者在内心和说话者辩论。以下是一些消除内部干扰的说法：

“我现在脑子里想的东西太多了，不过在我们谈话的时候，我会暂时忘掉它们。我想听你说，而且我会尽力去理解你所说的。”

“我不会去担心能否立刻想出这个问题的处理办法。我只是希望倾听，并渴望理解你对这件事的感受。”

“我知道为什么我们之间有这个问题，但我会把我的观点暂时放在一边，听你要说什么。我想知道就这个问题你是怎么想的。”

鼓励对方先开口

鼓励对方先开口表达自己的观点有以下3个原因。

第一，倾听显示了良好的礼仪和你充分考虑对方观点的意愿，这让说话者感到你重视他（她）的想法，由此可以建立彼此的默契和尊重。

第二，鼓励对方先说话可以降低交谈的对立意味。你的倾听营造了一种开放的氛围，这有利于意见的交换。不需要担心对立因素，交谈双方就可以把注意力集中在彼此的观点上，而不是在小问题上喋喋不休。

第三，请对方和你分享他（她）的观点，可以让你在表明自己的观点之前了解能取得共识的地方。一旦双方通过倾听建立起相互的尊重，你的劝说能力就得到了提高。以下是一些鼓励对方先开口的说话方式：

“我对你关于……的看法很感兴趣。”

“我想听听你关于……的深入见解。”

“我想先知道你对这种情况的看法，然后再说说我的看法。”

“我们都有很多要说的，为什么不先说说你是怎么看这个问题的？”

关注并善用肢体语言

知道吗？你的肢体语言在你开口之前就能表明你对这次谈话是否感兴趣。想象一下，如果一个和你交谈的人，睁大双眼、身体前倾、微笑并充满热情和兴趣地回应你的话语，你的感觉是不是很好？相反，如果在交谈过程中，对方身体向后靠在椅子里、皱着眉头、抱着胳膊、双眼紧盯地面、只说几句搪塞你的话或者干脆一言不发，这样的人又会让你感到多么难堪和不悦呢？

听者封闭式的或者表示不感兴趣的肢体语言使发言者感到不自然，也就不愿意敞开心扉。从另一方面来说，开放式的或者表示感兴趣的肢体语言则表明听者乐于接受，希望对发言人有所了解，因此也就鼓励了说话的人。所以当你努力和某人交流的时候，要向他（她）表明你正在倾听。

开放式的肢体语言包括：

- 不时地微笑
- 放开自己的双臂
- 不要把手放在脸上
- 身体稍稍前倾
- 不断的目光接触
- 点头

封闭式肢体语言所起到的作用则正好相反。比如，胳膊抱在一起、身体向后靠在椅子里、避开目光接触，如此种种。

观察对方的肢体语言，寻找蛛丝马迹

留意说话者的肢体语言同样可以提升你的倾听能力。通过留意对方说话的方式以及所说的内容，你可以对说话者的敏感话题、关注点以及内在的感受有所了解。这种“听弦外之音”的做法会帮助你避免发表冒犯对方或者引发争论的鲁莽评论。

避免不必要的打断

优秀的倾听者不会用琐碎的观点、不必要的纠正、突然的话题转换或者补充未说完的语句而打扰发言者。经常打断对方表明你的倾听能力不佳、态度不友好、礼数不佳，而多数情况下这些会导致很糟糕的交流。

避免打断交谈的规矩有两种例外情况：

第一，气氛活跃的交谈需要即时的互动，即时的评论或者适当的回应所产生的适时打断都会促进讨论，并最终得出结论。

第二，你会有很多需要打断说话者的情况，因为你没听清重要的信息，或者对一个概念不理解或者需要说话者对之前提到的观点进行澄清。当你发现自己处于这种情况下时，要等说话者做简短停顿时，很快地说如下的话：

“很抱歉打断你，但是我没能记住你的姓。能不能麻烦你在离开之前再告诉我一下？”

“抱歉我想请你停一下，你现在说的有点超出我的理解能力了，我恐怕无法理解你说的计算机术语。”

“不好意思，我想我刚才听到了你所说的……我只想在你继续之前，确认一下。”

抓住关键词

对话往往是由成百上千个词组成的，其中有的比其他的更重要。凭借交谈中的关键词就可以拼凑出整件事情。这些关键词可以传达信息、兴趣和情感。关键词就像冰山的一角。大部分信息就在它们的下面，等你去发现。

关键词是一种线索，引导你去了解人们喜欢谈论的话题或者他们希望让你知道的信息。多数人都会有意无意地在整个谈话中抛出一些关键词，但这有赖于优秀的倾听者去捕捉并以此作为问题和讨论提出。以下是一些句子，其中黑体字是关键词。基于这些关键词，你可以向对方提出问题，或者向对方分享自己相似的经历。

如果有人说：

“我5年前去了**夏威夷度假**。那是在我搬到纽约之前，之后我回到学校获得了MBA **学位**，然后开了家**餐馆**。”

你可在一两个关键词的基础上问个问题：

“是什么让你决定投资**餐饮业**？”

有人说：

“我住在一所**小房子里**，那儿有一个**小小的后院**，**种了一些蔬菜**，我的**猫咪们**会在那里追逐麻雀。”

你可以根据关键词分享一些相关经历：

“我也有**猫**！而且有**两只**！我的猫咪们喜欢和我的狗睡在一起。”

关键词揭示了很多信息，有的关键词显示了信任或者对谈论某些敏感话题的渴望。当你听到涉及一些私人问题的关键词，这可能是一次亲密交谈的开始。

如果有人说：

“我**单身**大约有**1年**时间了，而现在我**想要约会**了，可是**还没遇到什么特别的人**。”

你能否根据上述关键词透露一下你的婚姻状况呢？

“我也**结过一次婚**，在过去的两年里，我一直断断续续地同别人约会。"

如果有人说：

"我有点**紧张**，不敢告诉**父母**我**新工作**的事。我知道**老爸**和**老妈**知道我要**搬到新奥尔良**后肯定会很不开心。"

你可以根据上述关键词透露一下相关经历：

"我知道你说的**紧张**是什么意思，在我告诉父母我要**搬到纽约**时，他们也是很失落的。"

帮助你知道下面该说什么的关键词

通过分辨交谈中的关键词，你可以决定如何做出反应。通过在你之后的问题和评论中简单重复关键词，你可以向你的交谈伙伴表明你的关注和兴趣。以下是一些提及对方关键词的方式：

"我听你之前提到你在空闲时间喜欢玩（关键词），那也是我的爱好之一。"

"当你说你从事（关键词），我就在想你是怎样进入这个行业的呢？"

"你说你来自（关键词），我从来没去过，那里是什么样的？"

有反馈地倾听

有反馈地倾听是一项很重要的沟通技巧，你可以概述所听到的内容。这种能力可以表明你听了并理解了对方的话。但不管怎样，有反馈地倾听不是像应声虫一样一字不差地重复对方所说的。相反，应该是运用你自己的语言，总结对方的主要观点。以下是一些有反馈地倾听所运用的发言和提问方式：

“你说你住的房子在海边？我打赌那里的日落一定很美！”

“几分钟前，你提到你在当地的大学参加了一个油画班，我很想知道你怎么有时间发展这个爱好？我一直觉得用油彩画画很有趣。”

“如果我理解得对，要说哪个周五晚上你没有跟朋友们去看电影，就会感觉自己有点落伍，是这样的吗？”

“我想我了解你想要说的，下面我总结一下，然后你再告诉我是不是真正理解了你的话。”

有反馈地倾听的好处

反馈地倾听有益于：

- 建立彼此的默契和包容
- 让对方觉得受到重视
- 使你可以专注于交谈中的重要元素
- 帮助纠正错误的概念和不正确的假设
- 让发言更加主动
- 使交谈持续进行下去

澄清隐藏的观点

很多人都对直接表达自己的想法和观点心存疑虑，所以经常采用“暗示”的方式。他们可能还有一些隐藏的推测或者目的没有说出口，也许是希望听者能够“得到消息”，自己又不愿费太多口舌。暗示的观点有时候会让人困惑，因为糟糕的倾听者经常会误解说话者的意思或者目的，这种情况甚至会引发言语上的冲突或争论。

克服此类沟通问题的第一步是仔细听说话人言语背后的观点或者问题，它们所蕴涵的信息要比实际说出的多得多。说话者的声调和他（她）所使用的词汇揭示了大量信息。以下是一些例子，承载着隐藏信息的词被标为黑体字。这些问题会引发你追寻言语背后的信息，这样的提问可以鼓励说话者更加明确自己的意思。如果有人说：

“我没有**那么喜欢它**。”

你可以问：

“请详细告诉我，你不喜欢它哪方面？”

如果有人说：

“我对你那个伟大的想法应该**相当清楚了**。”

你可以说：

“我不知道你对我的主意看法如何。你喜不喜欢呢？”

如果有人说：

“你知道**我想说什么**？”

你可以回答：

“不，我不知道。请明确告诉我你的意思。”

如果有人说：

“我已经**做了那么多**，但我**希望还能做更多**。”

你可以问：

“你到底想得到什么？”

提问可以明确话语中的含义

要求说话者澄清隐藏的意思，可以显著降低你犯语言上愚蠢错误的几率，而且可以帮助你发现隐藏的敏感信息。首先想想：“他没说出口的是什么？”然后直接问对方：

“尽管你没有直接说明，但你的意思是……你是这个意思吗？”

“我不太确定你说……的意思。你能讲得更详细点儿吗？或举一些例子解释一下。”

“你所说的让我有种明显的感觉，你觉得……不过我不太确定你的意思。我的感觉是对的吗？”

“原谅我啰嗦，可是你说你会在周五之前多多少少完成我厨房的粉刷是什么意思？”

“当你说你对我抱有更多希望的时候，我不确定你到底是什么意思。能告诉我我是怎么让你失望了吗？从你所说的，我猜你的意思是……对吗？”

辨别并关注于主要观点

尽管在小的细节方面会有争论，但辨别和关注于说话者的主要观点可以帮助你从他或她的话中总揽“全局”。当你关注一些琐碎的事实时，你会为此浪费时间并有可能得出错误的推断，并因此错过重要观点和主要内容。

一个优秀的倾听者会追踪说话者的主要观点，然后努力推测这些重要观点指向何处。这种倾听技巧会使你保持对交谈的主动介入状态，也会决定你和对方沟通的效率。如果你能一直正确辨别、追踪对方的主要观点和结论，那么你就是在非常有技巧地倾听和交流。

如果你发现自己经常陷入细节而失去要点，做出错误的推测，并匆匆下了结论，就应回过头看看你对说话者主要观点的理解失误出现在哪里。以下是对说话人的主要观点进行评论或提问的方式：

“你的观点到底是什么？”

“我不太确定我是否理解了你的主要观点。”

“如果我的理解没错的话，你的主要意思是……”

“你可以直接告诉我你的底线吗?”

回顾并罗列要点，然后得出自己的结论

在大多数交谈中，你总能找到那么几分钟的时间，在脑海中回顾并排列一下对方认为是最重要的观点，这样做可以消除不相关的细节对你的影响，以使你关注并记住说话者的主要观点和重要想法。

回顾和罗列主要观点还为你提供提出后续问题的机会。提出不完整或模棱两可的观点可以表明你在倾听并很努力地想完全了解他或她的想法。如果你不确定交谈中的哪些信息更重要，可以这样问：

“在讨论中，你提出来好几个精彩的想法，最重要的3个是什么?”

“你带来的所有想法中，哪个是你最希望我关注的?”

“我们今天谈论的所有内容中哪两个观点你觉得最有用?”

一旦你在头脑中回顾并排列了主要观点，就可以转述你理解的说话者的结论。转述和总结评述应该这样进行：

“我看是不是准确理解了你的结论，你认为……”

“在最后的分析中，你已经决定要……”

“对于你所说的，我该怎样总结呢?”

“这意味着你已经得出结论……”

“现在要说的想做的都已经清楚了，你是想要……对吗?”

“如果我处理好这些细节，咱们是不是就可以达成共识了?”

在你转述并总结所听到的内容时，对方的反应可能会让你吃惊。他们的反应可能从“我的意思根本就不是这样”，到“不全是，让我给你

解释一下”，再到“就是这样，没错”。如果理解正确，你就能进入交谈的下一阶段。如果没有，退回去重新理解你误会的那一点。

认可对方的观点

如果你无法认可对方的观点，你就会失去很多与人们建立默契的机会。接受你交谈伙伴的观点、结论和感受——即使他们的观点可能和你的不一样。为了认可另一种观点，你可以说：

“现在我理解你认为……”

“现在我知道你说……时是什么意思了？”

“现在我理解你的处境，我知道为什么你会觉得……”

“在你告诉我……之前，我不理解，但是现在站在你的角度，我明白了。”

“你的想法很合理，尽管我觉得实际情况不是这样。”

此处要表达的信息是你听到了、你现在理解了，你可能并不同意，但你尊重对方的观点。如果没有认可，人们之间建立包容和默契就是白日做梦。此外，巧妙的倾听能建立说话者的自信心，并使他或她更开放地面对外界的争论。最后，倾听标志着认可并鼓励人们达到精神上的互相认同。

倾听是一种可以通过练习不断提高的技能

有效地倾听是交流链中一个至关重要的环节。要经常练习这 10 种技巧，尝试与每个与你交谈的人运用这些技巧，甚至在非正式的简短交谈中也可以。当你发现自己可以面对更有挑战性、更困难的交谈时，你就会拥有更多的自信，并利用自己的倾听技巧取得更大的收获。

第 3 章

面对有压力的交谈时，更得保持冷静

你会怎样应对艰难或有压力的交谈呢？当你向老板提意见时，当你当众发表演讲时，或者当你进行面试时，是泰然自若、充满自信的吗？当你面对冲突场面，如被激怒的同事、抓狂的爱人或者控制欲极强的家人恶语相向，这时你还能保持冷静吗？你是否像其他人一样，会对棘手的交谈感到紧张，心脏怦怦直跳，嘴巴变干，感觉胃在搅动，根本没法进行良好的沟通。

人们身处棘手的交谈环境时会因为缺乏自信而感到紧张：因为我们害怕被人嘲笑，害怕说错话会激怒对方而失去一些重要的东西——比如尊重，甚至是爱人！只有在没有准备时恐惧才能削弱你的信心，因为当身处棘手交谈时，你可以控制紧张情绪，并保持冷静。以下 5 种基本沟通技巧可以帮助你增强你的信心、语言效果和个人能力：（1）放松；（2）想象；（3）确认；（4）描述；（5）练习。

放松肌肉以稳定情绪

研究表明身体越放松，你就越能集中精力，这样可以更容易地处理棘手的交谈。使用以下的练习可以帮助放松肌肉，包括双肩、脖子、面部和背部，以缓解压力、紧张和焦虑。

练习 1：对自己说“放松”

无论在家里还是在工作单位，当你走路、开车或者在任何地方，都可以采用这个简单、有效的方法，放松肌肉。每天提醒自己：

“放松自己的后背。”
“不要总紧握拳头。”
“不要总咬紧牙关。”

在走路、坐下和处理日常事务时，也可以说一些话提醒自己放松肌肉：

“我的肩膀放松了。”
“我的脖子放松了。”
“我的后背放松了。”
“我的下巴放松了。”

当你注意到身体的上述部分又开始紧张时，要再次提醒自己：“放松。”

练习 2：深呼吸

你可以在家、在办公室或者在车站的长凳上做以下这些练习：

- 坐在椅子上，双脚平放在地。

- 双手合十，用适当的力量将手并在一起，就像进行等压练习。
- 举起手指，肘部要略微远离身体。
- 深吸气，而后收腹将空气通过鼻孔缓缓排出，这时保持双手合十。
- 用嘴慢慢呼气，发出“咝——”的声音，脑海中想象气球在慢慢地放气。
- 放松双手、双肘、双臂的肌肉，还有脖子、面部和后背的肌肉。

当你感到焦虑或即将进入一种压抑的状态之前，重复这一练习多次。

练习3：倒数

这个练习可以在家进行，也可以在有独立空间的办公室里进行。

- 面朝上平躺在地板上，双腿分开，双手放在略低于肚脐的位置。
- 在从10数到1时，轻柔、缓慢地吸气呼气。
- 在说每一个数字时，放松头顶、肩部、嘴部、脖子、双肩、胸部和后背的肌肉。感受肌肉中的紧张感从指尖流出自己的身体。

- 重复数数的过程，这次要伴随着脚趾、脚、膝盖、大腿和臀部肌肉的放松。

想象交谈成功以增强自信

想象是通过你的意念创造一幅景象的过程。这幅景象是你希望达到的目的，比如消除你和一个朋友之间的误会。当你在采取实际行动前构想了成功的画面，你就会对获得成功的结果更有信心。想象无法控制别人的行为，但会帮助你消除恐惧和疑虑。

练习 1：想象交谈目标已经实现

想象的威力在于激起与特定目标相关的积极想法和感觉，就好像结果已经发生了一样。比如，假设你的特定目标是向你那神经质且苛刻的老板提出自己的建议时保持镇定，你可这样想象这次交谈：

- 找一个地方，在这里你可以放松并闭上双眼。
- 想象你正泰然自若地走到老板的办公室。运用你的各种感官，通过视觉、触觉、味觉和听觉来提升你的想象。
- 注意所有你可以看到、听到、问到、触到的办公室中的细节，一定要把老板考虑进去。
- 在你的意念之眼中要看到并听到那个充满信心地与老板沟通的人，去观察他或她的反应。
- 想象自己回答老板的问题，并清晰、得体地提出自己的质疑。在你和老板讨论你的提案时，要集中精力、保持自信。
- 记得想象一下所处的环境，就好像现在正在发生一样。当你的恐惧和疑虑偷偷溜进你的想象时，不用担心或努力压制它们。让它们起一会儿作用，就好像电视里播放的糟糕的肥皂剧。然后从你的想象中将恐惧和疑虑清除掉，就像切换了电视频道。
- 重新把注意力集中到想象上来，这样，你和老板的会面会成功结束。你可以“看到”老板在点头、微笑，并接受了你的提议。
- 不断重复想象过程，直到你达到让自己镇定的目的。

想象的另一个好处

除了建立信心，想象一个特定的目标或状况，还可以使自己发现自身的弱点和不足（在此之前，你可能都没有意识到）。这样你就有机会在情况“真的”上演之前发现问题。

练习2：将所有疑虑和恐惧从头脑中清除出去

在下一次恐惧和疑虑侵入你的头脑，并使你感到紧张时，可以尝试一下这种想象试验：

- 想象自己站在一块空地上，旁边有一个打开的木盒子，盒子旁边堆着一堆上面写着字的石头。
- 石头上的字是“恐惧”、“疑虑”和各种阻止你实现目标的借口。比如，一块石头上可能写着你对现在的工作感到厌烦，可是你担心没有充分的时间、财力、能力以及胆量开创自己的事业。
- 你看到自己弯下腰，把这些沉重的石头一块一块地搬到盒子里。失望、恐惧和不快等各种感觉，把它们一一放进盒子里。
- 当这些做完之后，盖上盖子，这样，疑虑和恐惧就无法回来了。
- 现在，想象有一个巨大的、强有力的、闪亮的粉红色气泡把装着你的疑虑和恐惧的盒子围在里面。
- 你看着气泡越来越大，直到它提起盒子升入空中。盒子以及闪亮的气泡飘向远方，直到看不见为止——你从头脑中驱逐了它们。

运用自我肯定来建立积极的自我对话

肯定是指能够建立信心的陈述或自我对话，形式可以是大声说出来或是心中默念。你的思想会时不时地和自己说话，哪怕你可能都注意不到这些内在交流的内容和重点。太经常的自说自话会引发疑虑、担忧和其他负面情绪。这些情绪可能会妨碍你的创造力，阻碍你的进步，影响你的成就。而自我肯定会取代这种自我怀疑、自我否定的内在交流模式，代之以更乐观的自我暗示以促进成功。

运用你的想象力，现在就开始自我肯定。自我肯定会帮你把消极的态度和较低的期望转变成一切皆有可能和积极的心态。让你的自我肯定直接、明确，告诉自己想要什么——而不是不想要什么。以下是在向老板提出自己的想法之前，使用自我肯定的正反两方面的例子。

强有力的肯定	虚弱的肯定
“我心情平静、准备充分、满怀信心。”	“我希望不要忘记想要说的话。”
“我对此有信心：我的提案会很成功。”	“我希望这个提案能过关。”
“欢迎指正。”	“希望他们不要太苛刻。”
“我肯定老板会喜欢这个提案。”	“如果运气好，老板可能会喜欢这个提案。”
“我很高兴老板能和我分享他的看法。”	“希望老板和我谈话的时候，我不会太过紧张。”
“我很乐意听取老板的意见。”	“希望老板的意见不要太多。”

编制沟通“剧本”

把你要说的编制好，写下来，可以帮助你身处棘手交谈情境中仍然保持冷静。这种方法可以帮助你制订一个计划，让你在交谈时以此为依据。在某些情况下，满怀信心地说出自己的想法并不容易，特别是事发突然，或者面临某人的批评或反对时，尤其困难。知道自己要说什么可以使你聚焦于全局，而不会因为无关的细节争论被引入歧途。此外，编制交流“剧本”可以帮助你厘清自己的思路和感受，这样，在你大声地将它们表达出来时，会充满信心。

我们可以这样假设：你强烈感觉到你和你的爱人有必要去做婚姻咨询。对此你有点紧张，因为上次你提出这个建议时，采取的是“旁敲侧击”的战术，而结果你们夫妻就婚姻咨询之外的几乎所有问题大吵了一场。这次，你可以准备一个大纲，模式很简单：（1）切入正题；（2）为自己的观点提出理由；（3）使用明确的例子；（4）重复你由此得出的结论，并采取你预定的措施。

以下是你在使用这种方法更清晰地阐述自己的观点之前，先要写下来的。

第 1 步：直接切入正题，阐述自己对当前状况的看法。绝不要等到交谈结束时才说出自己是怎么想的。比如：

“我就有话直说吧，请你认真听我讲。我很担心我们的婚姻，我觉得我们应该寻求一些帮助，所以我想和你一起去做婚姻咨询。”

第 2 步：要简短。用短语、短句表达你的观点，表明你的愿望。比如：

“我认为要想获得婚姻的成功，双方都要付出努力。让我们正视现状，你我都把事业放在第一位，而把家庭放在第二位。我们甚至都不再进行沟通，而当我们一开口说话，就常常会吵架。我希望能够理清生活的轻重缓急，让我们的婚姻回到正轨。”

第 3 步：给出明确的例子以证明你的观点，其中至少要包括名字、日期和数字。比如：

“我举几个例子，这样你就可以更清楚地知道我在说什么了。你知道吗？在过去的 3 个月中，我们争吵了 20 多次！我之所以知道是因为我把它们都记在了日记里。还有，我们不是因为太忙就是因为太累而从没有一起出去享受美好时光。我们甚至因为工作太累连结婚周年纪念都取消了！我担心如果我们再不对各自的工作进行调整的话，我们的婚姻也会因为缺乏激情而被彻底毁掉。”

第 4 步：重复你的观点和结论，强调下一步的重要性。比如：

“我认为如果我们的婚姻还要继续，就需要寻找一些专业的帮助——而且要快！我已经给一位有名的咨询师打了电话，她说可以在下周四晚上 7 点见我们。我希望你和我一起去。你觉得怎么样？”

虽然多数的讨论不会完全按照写好的剧本进行，但把交谈计划安排好可以在各种交谈中保持精力集中和镇定。这种办法帮助你更加平静、有序和自信，从而能更好地组织想法、阐述自己的目标、举出例子以及说出自己的真实意愿。

预习一下

在进行一次困难交谈之前，预先练习一下谈话的内容可以让你保持镇定，因为练习可以使计划深入内心，并运用于你的沟通之中。作为一个高效的沟通者，你的说话方式要比你所说的内容更加重要。有研究表明，在人们传递的所有信息中，有90%是通过肢体语言和语调来传达的，只有10%的信息是靠话语传达的。

通过练习以下一些技巧，你所传达的信息中就会体现自信和决心。

1. 练习大声说话

- 要能听到自己的声音。
- 强调你所表达的信息中的重要部分。比如："我希望我能得到这份工作。"
- 语速要慢，措辞要慎重。大声说："我的话语听上去镇静、自信。"

2. 使用镜子，看看别人眼中的自己

- 进行目光交流，这在当你开始发言时至关重要，在你声明自己的主要观点和要结束所表达的信息时，更是如此。
- 放松眼部、嘴部、颈部和肩部的肌肉。
- 不要交叉双臂。在说到重点时，可以使用手势帮助对方理解。
- 保持头部高昂，目光充满自信和骄傲。
- 大声说出来："我看重的是自控和信心。"

3. 持续练习

- 在实际情况到来之前，至少要演练5遍。
- 练习时，请一位朋友充当听众，或者用录音机录下整个过程。
- 在准备正式发言之前，再练习一次。
- 大声说：“我每次说的都是自己所想，我感到更加坚定和更有信心。我可以进行有效的沟通。”

即使打了草稿，做了准备，可能你也无法处理棘手的交谈。但是这些经过计划的应对之策可以提供绝佳的机会来磨炼你的技巧、建立起信心，这样，你就可以更加适意地进行意想不到的言语交锋。你也可以通过练习在各种气氛很紧张的情况下果断地讲话来培养信心。这样，在真正面对沟通困难的处境时，你就知道如何应对了。

面对意想不到的局面如何保持冷静

当你面对某人的突然发难或恶语相向时，你会怎么做呢？你会不会咬牙切齿，握紧拳头，想要大打出手？或者是有点胆怯，想匆忙逃离？

幸运的是，还有一种替代策略来使你重新保持冷静、坚定，从而在情绪方面将这样的情况化解于无形。

使用并练习以下这四步策略：（1）不要反击；（2）练习自我控制；（3）倾听、同情、表达感受；（4）引导对方形成一种可以接受的妥协。

第1步：不要反击

在遭受言语攻击时，你的身体会准备应对即将发生的打斗，血液中的肾上腺素会剧增。你的前额和耳朵会发热、眼睛眯起来、心跳加速、血压飙升。同时脑子也会飞快地运转，寻找着适当的言辞以回敬羞辱你的人，因为你听人说过“优秀的进攻是最好的防御”。那么结果呢？斗争开始，但是这时几乎没有发生任何面对面的交流。更多情况下，当某一方表达出懊恼的意思，诸如“之前，我总是觉得你是个浑蛋”或者“我就知道不应该雇用你”这样的侮辱和指责的话时，谈话都会变得更加不稳定。当对立达到这一阶段，双方就都很难保持冷静和平和。这样的争论没有获胜的一方——双方都是失败者。

不过，当你在面对意想不到的对立情况时，如果不反击，是有办法保持镇静沉着的。遭受言语攻击时不要想着立刻进行反击，面对来自老板、爱人、父母或者任何人的言语攻击的最好反应是暂时不要做任何回应，先去倾听。通过深呼吸帮助自己放松，整理思路。你的目的是了解对方攻击你的真实意图，这样你才能为彼此找到最合适的解决方法，你们才能够继续相处下去。下面是几种你在遭受到言语攻击时，表示自己不会反击的话语：

“我不想和你争论这件事情，但我很想听听你说的。”

“我不会跟你吵架，我只是想知道你为什么这样想。”

第2步：自我控制

怎样才能不与言语攻击者发生冲突呢？答案就是练习自我控制。这样会帮助你在受到出其不意的言词攻击时回复平静。不要失控地向对方以牙还牙以眼还眼，而是要放松并专注于寻找发生这种冲突的原因，然后告诉对方你沟通的基本原则：

“我不会为此失控，因为我想理智地讨论这件事情。”

“我要保持冷静，因为这样我们才能更好地进行沟通。”

“我不想发脾气，因为我不想说任何让自己后悔的话。”

“为什么你不花点时间让自己平静下来？然后我们再谈。”

第 3 步：倾听、同情、表达感受

面对愤怒的人时，让自己保持冷静的有效方法是承认对方有按自己感受行事的权利，即使你并不认同他的观点。使用“承认策略”可以让你在保持冷静和客观的同时，又不会被迫保护自己。然后使用反馈式的倾听方式表明你对此有同感并理解攻击者的感受。这种行为很容易消弭冲突。充满同情心的回应可以使你避免与对方发生冲突，也可以让你把引起冲突的源头调整归零。以下是一些言语示例，用于表示认同对方的感受：

“在你告诉我你的经历之后，我能理解你为什么那么难过了。”

“因为你对我很感兴趣，也就难怪我忽略你让你那么难过了。”

“如果家里也有这么一幅粗制滥造的画，我也会非常生气的。”

“如果听到有人那样说我，我也会发飙的。”

“我觉得你完全有理由难过。”

当你面对压力时能够保持镇定，这也能进而鼓励对方平静下来，更加理智地进行交谈。通过仔细倾听，你可以发现愤怒的人：

- 把事实夸大了。
- 对信息有所误解。

- 把你的行动或者言语当做攻击。
- 让你意识到一些真正需要关注的不满情绪。

倾听、同情和承认人们的感受可以消解人们的不满情绪，让你有更多的时间了解情况，对事态进行客观的评估，这样才能更好地处理这一特殊事件。

第4步：引导对方形成一种双方都满意的妥协

当你通过从对方的角度了解情况，并确认了冲突的根源后，你就可能找到一个能让双方都满意的妥协办法。既然你已经消除了紧张情绪，你就有机会讨论一下可能的后果和解决方案。要留意对方以获得最真实的妥协意愿，你们都需要从对方的角度考虑问题。当你发现了特殊的问题并专注于这个问题时——而不是针对个人，达成妥协的解决办法也就浮出水面了。采用这样的方式（作出妥协的技巧），双方都可以从对立的状态中摆脱出来，从而达成令双方满意的结果。

你也可以用话语引导对方讨论解决方案或者妥协办法：

"既然我们对这个问题都有了更深入的了解，也许我们可以好好商量来获得让双方都满意的解决方案。"

"我觉得我们可以消除这个问题中的分歧。"

"我理解为什么你觉得各方都在向你施加压力，我觉得我们肯定能够想出一个更好的方法来分担压力。"

"当你不高兴的时候，我的心里也不好受。让我们好好谈谈，这样才能找到让我们的关系回到正常轨道的办法。"

自信和内心力量的建立

你的自信和内心力量的建立，是因为你知道当引发冲突的问题出现时，你可以用可控、理智的方式来应对。放松你的身体和精神，想象一下积极的结果，使用积极的自我对话，预先对沟通进行计划，然后为这次充满挑战的交谈进行练习。不要反击，练习自我控制，倾听、同情对方，承认、引导对方妥协等方法是为了保持冷静的必要策略，这些可以让你在哪怕是面对最激烈的语言攻击时，也能够有效地进行沟通。

第 4 章
学习一些果断的沟通技巧

在沟通过程中面临恃强凌弱的时候你会不会表现怯懦？在面对最无理的要求时，你敢不敢说“不”？在想到要面对毁了你生活的人时，你会不会退缩？如果你不愿咄咄逼人的销售人员、喜欢指手画脚的亲友或者不甚友善的同事占你的便宜，那么你就需要学习一些坚定的沟通技巧。

这里说的果断到底是什么意思呢？首先，它并不表示有攻击性。果断地发言表明你能发出积极言论或者提出要求，并对可能出现的来自于听众的反对、拒绝或者否决的声音进行回应。当你做出果断言论时，表明你有高度的自信和强烈的意愿，并会为你的言语和行为负责。这就是你的果断和坚持——不是要如何进攻性地说话做事——它表明了你的信心。

果断的交流有什么好处

掌握果断交流的艺术可以在很多方面对你有所帮助。你有自己的目标、需求和优先考虑的事情，这些可能会导致你与周围的人发生冲突。果断的交流让拥有不同观点和看法的人们在尽量避免摩擦的前提下，达到双方都能够接受的妥协。

在压力重重的交谈中通过运用果断和明智的技巧，你可以让大家了解你的观点而不至于大喊大叫或发表不理智的言论。当你果断地发言时，别人就更容易倾听并尊重你的情感、观点、判断和立场。此外，他们也会更容易地改变自己的行为或者对待你的方式。

可能你已经想到了，果断的技巧和自信是紧密相连的。当你的老爸、同事、亲戚、朋友或者商业伙伴强迫你做一些你不愿意做的事情时，你的自尊无疑会受到伤害。从另一方面来讲，你的自尊和信心也会在坚定地维护自己在家庭、工作或者社会中的地位时明显增强。

果断程度测试

以下我们做一个简短的测试就可以知道。在下面每个问题后面记下0、1、2、3或者4，然后得分相加。看看你最后的分数以评价你的果断程度。

0 = 从不　1 = 很少　2 = 有时　3 = 经常　4 = 总是

1. 当有人对你的判断、决定、选择或者感受提出质疑时，你有没有觉得因胆怯而失语或者觉得受到了冒犯？______
2. 你会不会让人们利用你的好心，或者让你为没能帮助他们摆脱困境而觉得内疚？______
3. 你有没有因为不敢拒绝老板或同事提出的要求，从而让自己的工作陷入被动？______
4. 有没有因为朋友或者家庭的批评而不能作出自己的决定或者追求自己的梦想？______
5. 推销员有没有曾经说服过你购买其实并不需要的商品或者服务？______
6. 对你来说批评别人的行为是不是很难，哪怕对方已经严重地影响到了

你？______

7. 在你生气的时候，你有没有不想告诉朋友或者家里人的心理？______

8. 你在面对一群人或者一对一交谈时，有没有难以表达自己想法的情况？______

9. 在吃饭或购物时，你有没有遇到糟糕的服务，但却不愿意向主管投诉的情况？______

10. 在交谈中，你是不是几乎一言不发，你觉得这样才不会因为说错话而冒犯对方？______

评分

0~10 **你的果断技巧非常出色**。恭喜！你是个充满信心的人，知道如何在要求交谈技巧的谈话中坚持自我立场。要保持下去！

11~16 **你的果断技巧很好**。不错！多数情况下你能够忠实于自己，但是你仍然会让自己在压力更大的情况下受别人的摆布。

17~25 **你的果断技巧还可以**。还不赖！你一般情况下会说出自己的想法，但是经常会在交谈结束后回想自己应该说的话。

26~34 **你的果断技巧需要更多的练习**。你没有为自己充分考虑。人们知道如果他们对你的催逼时间足够长、力度足够强，你就会屈服并做他们想让你做的事情。你需要运用坚持的力量。

35~40 **你需要学习基本的果断技巧**。人们把你看做可以呼来喝去的小人物，总会占你的便宜，其原因就是你放任他们这样做了。你要以成为果断沟通者为目标，让他们改变对你的看法。

6步学成果断技巧

果断技巧很容易学，而且学会它会让你对自己的感觉以及使别人对待你的方式大不相同。在经过下面6个步骤的果断策略的学习后，再做一下上文提到的测试，看看你的提高有多少。果断技巧是需要不断习练的，但是它给你带来的自尊心的提升让你的尝试绝对值得。

下面的 6 步果断策略提供了各种例子，向人们演示如何处理困难的交谈。尽管这 6 步在例子中都有体现，但并不总是需要全部使用，你还可以根据自己的特定状况改变它们的顺序。要时刻记住：在对方申辩自己的无辜、反击或者转换话题之前，要坚守“底线”，知道自己想要说什么。

此外，如果你觉得你的情绪在平静的表面下不断涌动，或者觉得非常愤怒只待爆发时，停止交谈。不要进行言语交锋，可以出去走走，花上几分钟进行深呼吸，在再次面对对方之前重新控制自己的情绪。可能你还是会很生气或者愤怒，但你需要平静地交谈以提高交流的能力，鼓励双方的包容性，并让双方都能保持体面和理智。

例如，你和同事拼车上班。在你负责开车的时候，同事总是在你已经到了他家门口的时候还没有准备好；而轮到他开车去接你的时候，却总是迟到。同事的这种拖沓行为已经让你上班迟到了好几次，今天你的老板又因为迟到批评了你。是的，面对某人是需要勇气的，但是你必须维护自己的权利，提出并解决这一问题。

第 1 步：对自己重复自己的权利

在面对同事之前，可以这样对自己说：

“我有权利以自己的方式思考、感受和行动。”

“我有权改变自己的想法。”

“我应该受到尊敬。”

“我有权代表自己。”

第 2 步：要求有一个私下相处的时间

语调要平静，对同事说：

“我想跟你说个事情。有时间吗？”

第3步：简短描述有问题的行为

继续用坚定但是友好的语调：

“我喜欢和你拼车上班。但是，在过去的几周里，我已经至少迟到十几次了。不是我在接你的时候你没有准备好，就是在你接我的时候时间太晚。”

第4步：说出问题行为如何严重地影响到了你

坚持把问题一说到底。让你的语气而不是嗓门传达你的忧虑。说：

“迟到20或30分钟给我造成了很大的困扰，因为这把我整天的计划都拖后了。还有，今天早上老板给了我正式警告，因为这是我这个月第6次迟到了。”

第5步：申明你希望改变的特定行为

让自己的声音保持坚定，肢体语言保持开放状态。然后亮出你的要求并强调关键词，比如“在7:30到7:45之间出发”“和我拼车”“没有准备好”和“自己上班”，说：

“可能你不用担心与你的上级相处，但是我担心。所以，从现在开始，我会按照正常时间出发——在7:30到7:45之间。如果你还能和我拼车，那很好，但如果你还没能早一点准备好，你就得计划自己上班了。”

第6步：重复你的立场并询问对方的反应

面带微笑、双手放开、手掌向上，说：

“你知道，我喜欢和你搭伴，但是我不能再迟到了。所以说说你的想法吧——继续一起拼车上班或者我们各走各的?”

利用“不断重复”技巧应对抵抗

你的同事可能会同意调整并从此可以守时。不过，你还要为更常见的回应做好准备，比如对方用各种站不住脚的借口、争论或者指责以弱化问题的严重性。他们可能会这样说：

“嘿，还有很多次我没有迟到啊!”

“我记得你也曾经晚了一次!”

“上周我们堵车了，你不能把那次也算到我头上!”

“你的上级在欺负你，对吧?”

“他就是想让你难堪，让大家都知道是他说了算。”

“这只是一点小事情，别放在心上。”

“别紧张！这份工作也不怎么样!”

不要争论——只是重复你的底线，不断重复，打破重复的纪录。虽然你可能很想因为受到“你为什么想要守时？是想获得升职吗?”这样的指责而为自己辩解，但你最好的办法就是用“不断重复”的果断技巧。这种果断技巧需要一遍又一遍地重复同样的答案，不需要进一步解释——直到对方接受你的观点并着手处理这个问题。同时让你的声音和肢体语言保持友好的态势，但是要尽快地表明你的观点。比如：

“我知道你可能会那样想，但是让我重复一下我说过的话。从现在开始，我要按照正常时间出发——在7:30到7:45之间。如果你还想和我一起开车上班，你就要在那时准备好，否则，你就得自己上班了。所以你想怎样做呢？一起拼车还是我们各走各的?”

当说“不”一次、两次甚至三次都不管用时

对于不知道“不”这个答案的含义的无理家伙，你可以使用“不

断重复”技巧。不管你拒绝的是食物、酒、毒品、约会还是其他什么，用“不断重复”的技巧说“不”是非常有效的。我这里有一个例子：

他：“嗨，你好。你想喝一杯吗？”

她：“不，谢谢你。我现在什么也不想喝。”

他：“喝点冰镇的酒好吗？它们味道不错！”

她：“谢谢你的好意，但是我现在什么也不想喝。”

他：“哦，得了吧，要不来杯啤酒。”

她：“不，谢谢你。我不想喝。我现在什么也不想喝。”

他：“为什么不喝？害怕喜欢上这个？”

她：“我只是现在不想喝。你觉得这有什么问题吗？”

他：“一杯让人放松的饮料不会把你怎么样的。来吧，放松点，找点乐子。”

她：“不，谢谢了。我现在真的什么也不想喝。”

他（有点挫败）：“好吧，那么，再见！”

果断，但不是有侵略性地交谈

富有侵略性的言论经常包含着批评和指责，而果断的言论则表明了说话人的感受和希望。下面一些“不要说”的例子就富有侵略性并会引发争论。如果把它们用开放而果断的“要说”例子来代替，听者更加包容且积极回应的可能性就会增加。

不要说……	要说……
“你应该知道我的感受。”	“我很难过，因为……”
“你不应该感觉不好。”	“你觉得目前情况怎样？”
“当出现错误的时候，为什么你总是指责我？”	“我想告诉你我的故事。”
“你怎么这么聪明？”	“你的想法不错。”
“我告诉过你这样做的。”	“这可能发生在任何人身上。”
“你怎么能蠢到这样想呢？”	“我不认同你这样做，但是我尊重你的选择。”

更多关于果断的提示

要时刻警惕它会对你产生的负面影响。灵活性和妥协在任何交谈中和果断是一样重要的。比如：

“我很想谈谈这个。”

当某人想要通过引起你内疚的话语或者威胁来控制你的行为时，可以说：

“我不会对你进行回应，也不喜欢你的处理方式。”

当某人向你询问某件事情，并想获得迅速的回应时，给自己一点时间，整理思路，可以说：

“在我给出自己的答案之前，让我考虑一下你刚才说的。”

当某人要求你做自己不愿意做的事情，并且向你施压时，要挺直身体，看着对方的眼睛，用坚定的声音对他（她）不断地重复说：

“我理解你想让我做的事情，但是，我的答案是不。”

通过每天对自己重复几次这样的话语可以立刻开始果断性的训练：

“我有权利以自己的方式思考和感受，如果别人无法接受，这是他们的问题，不是我的！”

果断所获得的效果

你可能会惊讶地发现果断沟通的效果有多么明显——只要你冷静并清晰地说出来。多数人在听到他们的莽撞给你造成麻烦时，会觉得不好意思。如果对方真的关心你，他（她）会很快道歉并努力进行补偿。当这种情况发生的时候，你应该表明你接受道歉，并说：

“我很感谢你能听进去我的话，这件事就到此为止吧。”

第5章

与难以相处的人如何打交道

总会有令人讨厌的人来挑战你的果断能力和耐心的底线，一遍又一遍地！这些难缠的人冲击着你的情绪，践踏着你的自信心——如果你放任这种情况存在。每个人都会有发怒的时候。我们在这本书中总结了几种难以相处的性格，与这样性格的人相处需要额外的坚持和特别的相处技巧。这些性格有："压路机"、"百事通"、"游击队员"和"湿毯子"。

"压路机"

"压路机"是那些固执己见，总想通过高压手段证明自己正确的人，他们的手段可能有：高压、威胁和恐吓。这些不友好、有时候还有虐待倾向的人会扯着嗓子指责别人，会用拳头猛击桌子想要让你屈服于他们的行事方式。他们的目标是扫平一切对立面，同时你也会知道自己所遭受的打击。就像他们的外号一样，他们会像压路机一样压扁你和你的自信！

一个“压路机”类型的人说话可能会这样：

“你怎么会这么蠢！”

“你要为它付出代价！”

“如果你不照我说的做，你会后悔的！”

“你最好按我说的做，否则损失就大了！”

“这些就是你要做的，我不想再听到你说一个字！”

当有一个“压路机”类型性格的人想要“压扁”你时，你可以使用以下3步策略：

第1步：不同意，但是不争辩

“压路机”类型的人希望主导别人，他们知道自己这种盛气凌人的战术有时候会奏效，因为有些人宁可屈服也不愿意进行激烈的论战。“压路机”们利用的就是一些人想要避免冲突的心理，但是当有人出乎意料地提出反对意见时，他们往往就慌了手脚，不知如何应对。当你提出自己的不同意见时，就是在向“压路机”表明：你不想被他或她支使得团团转。

怎样才能在面对“压路机”时维护自己的观点呢？双手放开，进行稳定的目光交流，叫着“压路机”的名字，告诉他或她你不同意——但是不会与之争论。参考以下几种表达方式：

“岳父大人，我无法赞同您的观点。”

“妈，我的看法不一样。”

“邻居先生，我看问题的角度和你不一样，我的想法是……”

“老板，我尊重你的看法，我的观点是……”

“客户女士，我的理解是这样的……”

避免“争论式”词汇

不同意，但是不要与“压路机”类型的人争论的两个最大的原因是：他们喜欢争论，而通常情况下，他们会赢。如果你避免了引发争论的话语，你就可以维护自己的观点并阻止“压路机”的策略奏效。让他们知道你不同意，但要采用不引发争论的方式。不要说一些挑衅的话语，例如：

“你绝对错了。”

“你完全弄错了。”

“你凭什么觉得自己那么聪明？”

“对我说话，你最好小心点！”

“我不听这些垃圾话！”

“你以为自己在和谁说话？”

第2步：问“你为什么会这样想”

在说了“我不同意”之后，要求“压路机”进一步谈谈他（她）的观点。这表明你希望听到并愿意理解不同的看法或者观点，而不是争论谁是正确的。你可以说：

“我不同意你的观点，但是请告诉我为什么你会这样想。”

“我不赞同你的观点，但是我想知道为什么你觉得应该这样做。”

“我有不同的观点，但是你能给我讲讲你如此处理这个问题的原因吗？”

第3步：掌握说话的时机

在“压路机”类型的人阐述完自己的观点之后，换你来发言时是关键一步，因为如果你放弃了这个机会，对方就会开始再一次向你施加压力。掌握发言权可以摆脱“压路机”对谈话的控制，同时还表明：你不会受到他（她）充满攻击性策略的威胁。

赞同一个观点，然后提出自己的看法

如果你用赞同对方的观点来开始自己的反驳——即使是微不足道的观点，他（她）也会因为你既赞同又不赞同而感到困惑。你可以这样说：

“虽然我同意你关于……的看法，我却得出了不同的结论。”

“你刚才说得非常有道理，但是我觉得它产生的作用和你说的不一样。”

“我完全赞同你关于……的说法，但我没觉得这种做法消极，恰恰相反。”

不要受到“压路机”的干扰

“压路机”经常会干扰他们想要掌控的人，不要让他们的恐吓策略奏效。阻止他们的干扰，可以先叫他们的名字，然后说：

“史密斯先生，我在向你解释情况，请让我说完。”

不要说“别打断我”、“别插嘴”或者“你从不让我说完”，这样的刺激性语言会让“压路机”试图继续争论。只是在每次“压路机”企图掌握发言权时，重复着“史密斯先生，如果你能听我说完……”

这种果断策略让“压路机”类型性格的人明白，面对他们所施加的压力，你不会屈服，但是你对争论也没有兴趣。多数情况下，当你反抗“压路机”时，会在赢得他们尊重的同时，减少对你的威胁。还有，你的自信也会增加，从而更有信心地应对其他难缠的家伙。

“百事通”

“百事通”总是急于通过他们丰富的阅历和更高层面的知识给你留下印象，并支配你。“百事通”喜欢把自己当做专家，并相信自己对于任何问题的解答都是正确的。当然，他们这样做可能是出于好意。“百事通”们总是想用大量的事实压倒你，以证明自己是对的。他们会降低你的理解能力以迫使你接受他们的“砖家”意见。

“百事通”们说起话来有点像：

“听我说，孩子，因为那时候……我知道我在说什么。”

“很显然，你并不知道这件事情的始末缘由。还是由我来给你作决定吧。”

“我会告诉你该怎么做。”

“听着，我来给你解释一下，这样就算是你这样的傻子也会明白的。”

你可以质疑“百事通”类型的人的智慧，又不用让对方感到丝毫的不快或者有挑衅意味。以下 3 步策略可以帮助你应对咄咄逼人的“百事通”们：

第 1 步：重复对方的主要观点

重复“百事通”类型的人的主要观点表明你倾听并理解了他（她）所说的内容。如果你无法使用这种反馈式的倾听技巧，你就肯定会遇到这样的“狂轰滥炸”：“好吧，我就知道。我给你好好解释吧！”比如，如果“百事通”想要说服你投资一个风险较高的股票而不是投资免税的债券，你可以说：

“咱们来看看我是不是理解了你的意思。如果我投资 Hi-Jinx 股票，就要把20%的资产投进去，而免税债券则只需要6%的资产。差别是14%，对吧?"

第2步：详细询问后续问题

询问后续的问题，表明你在考虑对方提出的建议，同时还暗示你依然有一点不明白。“百事通”喜欢在交谈中谈到自己的观点，所以他们总会有更多的事实和数据作准备。比如，你可以问：

“还有一些事情我不明白，我觉得你肯定能够解释清楚。如果我投资这只股票，而股价也像你说的那样涨了，那么在扣除税款之后，我会得到多少收益？你能帮我算算吗?”

第3步：询问最糟糕情况下的解决办法

“百事通”们对自己的逻辑永远感觉良好，你可以让他们考虑一下最糟的情况，然后询问一下相应情况下的解决办法。你可以这样问：

“我知道你说的Hi-Jinx股票价格飞涨只是个时间的问题，但是我想问你这样一个假设。如果Hi-Jinx股票的涨幅只是和通胀幅度一样呢？我还有其他的投资方式吗？我可不想把所有的鸡蛋都放在同一个篮子里。”

当你让“百事通”考虑最糟糕的情况并寻求其他的可能性时，他们经常会在迫使你听从他们的“砖家”意见时软化下来——至少是一段时间。

“游击队员”

“游击队员”类型的人对你指桑骂槐、旁敲侧击或者幽你一默时，对你的伤害是非常大的。“游击队员”和“压路机”及“百事通”们不一样，后者会为了达到自己的目的进行肉搏战，而“游击队员”们从不光明正大地行动，他们会通过间接的袭击让你名誉扫地。他们更愿意扮演观众的角色，把对你的攻击伪装起来，然后在让你难堪的时候，提升自己的地位。

一个“游击队员”类型的人的挖苦听起来可能是这样：

“聚会上的粉色蛋糕是你买的？谁做的？你家孩子？（哈哈哈）”

“你使用了琼斯的台账？那么他们说的关于你和老琼斯的事情是真的？（哈哈哈）”

“哦，一条新裙子啊！你丈夫破产了，还是你的‘闺蜜’给你在沃尔玛买的打折货啊？（哈哈哈）”

当“游击队员”挖苦你的时候，你要保持沉默，当面对更多的讽刺时，要有心理准备。不过，也可以这样，采用 4 步策略让他们闭嘴：

第 1 步：直面“游击队员”们

多数“游击队员”类型的人都不喜欢正面交锋，所以要强迫他们从挖苦、指桑骂槐的言论后面走出来。私下里这样做会容易一些，但是如果在一个销售会议上，当你的声誉正处于危险中，就要直接和“游击队员”挑明话题。不论是在公开场合还是私下里，同事和朋友们都会观察你如何处理（或者不处理）这些讨厌的家伙，也会因为你的行为增强对你的尊重或者由此谴责你。

这里有几个在商业场合下的“游击”行为：

假设你正在为一群同事做销售演示，一个坐在房间后面的“游击队员”开始发表令人不快的评论并说一些小玩笑。你可以停下展示，直视着“游击队员”，微笑着说：

“不好意思，菲尔，我听到你说话，但是没有听清说什么。你说什么了?”

“菲尔，如果你有问题或者有意见，干吗不让每个人都听到？请过来，你可以在这里发言。”

有时候，只要把大家的注意力引到“游击队员”身上，他（她）就会退缩，但是你必须做好面对更多尖酸评论、暗讽的话语和嘲笑的准备——在你停下来的时候。表现出自己的幽默感是没有问题的，但是你应该把握住机会向“游击队员”施加压力。

第2步：要求对方公开表态

问一个“……的哪方面是你不喜欢的”的问题，把话题直接踢给“游击队员”，并强迫他（她）公开发表明确的评论，这样做是为了让你能够知道他（她）所说的话。你可以说一些能表现你幽默感的话，同时还能够向对方施加压力：

“菲尔，关于我的计划，你的意见很有趣，但是我隐隐约约觉得你并不喜欢我的想法。如果我说得没错，你为什么不告诉我和大家，到底不喜欢哪些地方？”

“菲尔，别忘了提醒我让你在下一次年度晚宴上耍宝助兴，但是现在我觉得你好像不怎么喜欢这个主意。如果你真的这样觉得，我想听听你的意见，我们可以讨论一下。”

（这时候，可以暂停一下，或沉默更长一些。这样房间内的每个人都会等着他回答，但是更大的可能是，他会让步。）

第 3 步：询问别人的意见

当“游击队员”让步时，你可以问房间里的另一个人的意见。要鼓励就某一观点进行的讨论，它会为你发现观点相同者。如果出现其他批评者，你可以让人们一起来解决问题。你可以说：

“你们其他人觉得这个想法怎么样？你们喜欢它吗？你们觉得这个想法会发挥作用吗？你们不喜欢？那有什么地方可以改进的吗？我们可以开诚布公地谈谈。”

第 4 步：继续你的事情

现在你在会议上已经让“游击队员”哑火了，那就继续充满信心地阐述你的想法。不要太过在意与“游击队员”们的短兵相接，在会议结束的时候要感谢每一位提出想法的人。你可以说：

“那么，我们已经一致同意了一项值得努力的计划，我很快会与你们分享更多的想法。我要感谢你们所有人（和‘游击队员’进行一下目光交流）的意见和建议，因为每个人的观点都是很重要的。”

私下面对“游击队员”类型的人

有时候，和“游击队员”私下里解决问题也许更加恰当。比如，可能一个朋友或者家人在餐馆里开你的玩笑，让你很不舒服，但你不想当场发作。稍后，当你们独处的时候，你可以说；

“琼，昨天在露西阿姨和萨拉表姐家吃午餐的时候，你开了一个关于我的新裙子和朋友的玩笑。我想知道的是，你是想挑起家庭矛盾吗？你能告诉我你在想什么吗?”

不管是在公众场合还是私下沟通，你可能都要面对对方的辩解，他会否认所有不当行为，并带着略显神经质的笑声，说：

“当然我是在开玩笑！哦，得了吧，别那么敏感！没什么大不了的，你一点玩笑都受不了吗?”

然后你可以给对方最严肃的凝视和明智的微笑，说：

“当然我可以开玩笑，但是我感觉你当时是想让我在全家人（员工或者什么别的人）面前难堪。你为什么要说那些话?”

在多数情况下，当你直接面对“游击队员”时，他们会暂时撤退，直到下一次时机成熟时再故伎重演。当这种情况再次出现的时候，你一定要准备再次“反击”！

“湿毯子”

“湿毯子”是指那些总是会给别人的梦想或者目标泼冷水的抑郁人士。他们习惯性地提出各种不做某些事情、避免承担某些风险的理由，然后很快表明自己的哲学：“反正也不会管用，还费什么劲呢?”“湿毯子”类型的人不仅会消减自己的动力还会降低甚至熄灭周围每个人的热情之火。由于“湿毯子”们的消极情绪是可以传染的，这些否定者能够使人们错失良机、丢掉梦想，也能阻碍人们潜力的发展。

“湿毯子”类型的人的消极态度会像乌云一样蔓延到每一个想法上

面。你会听到他们这样打消士气的言论：

“你想怎么样？”

“为什么费那么多劲？反正也没有人注意到。”

“又有谁会注意到？”

“你一万年也做不到，你不过是个梦想家。”

“比你聪明10倍，有天赋10倍的人都没有成功，凭什么你就能够成功？”

你可以用以下4步策略应对“湿毯子”类型的人的冷嘲热讽：

第1步：不要争论，倾听和复述即可

“湿毯子”会有数不清的理由去不作为。争论只会产生更多的消极情绪。不要和“湿毯子”争论，复述一下他或她所说的话，然后把注意力集中在关键点上。下面这些话能表示你在认真听对方说的话：

“如果我理解得没错的话，你觉得纽约失业的演员和歌手比美国其他城市都多。你是这样说的吧？”

“看看我理解得对不对。你的观点是这个项目获得老板认可的可能性几乎为零，对吗？”

“按你所说的，我应该放弃自己创业的终生梦想。我理解得没有错吧？”

第2步：赞同“湿毯子”的观点

赞同“湿毯子”的观点和立场会让他或她希望被倾听的愿望得到满足。尽管他们总是悲观主义者，“湿毯子”们的观点有时也会非常深刻和有帮助的。为了表明你赞同其观点，你可以这样说：

“关于百老汇不再需要演员的看法，你可能是对的，不过那又怎么样呢?”

“可能老板不会同意我们的项目，但是如果不试试怎么知道呢?”

“的确，开始涉足一个新的行业，成功的机会对我来说不是很大，但是管他呢。”

第3步：告诉对方不管怎样你都要冒险尝试一下

当你承认了“湿毯子”的想法可能是对的之后，可以直接说，你想继续按照自己的计划前进，即使会面临失败的危险。下面是一些愿意冒风险的说法，它们可以帮助你克服“湿毯子”们对失败的恐惧而给你的热情带来的损害：

“我想继续下去，不管怎样也要试试，也许会有不同的结果呢。”

“如果这个想法可以成功，让我干什么都行。”

“我会冒险试试，看看我能不能成功。”

为了进一步坚定你敢冒风险的态度，你可以对“湿毯子”，也对自己说：

“如果不试试，我永远也不会知道会不会成功。所以为什么不试试呢？你永远不知道，总会有神奇的事情发生，这是肯定的!”

“如果不尝试一下的话，我永远也不会原谅我自己的!”

“可能发生的最糟糕的情况是什么？如果我失败了，至少我知道我已经努力过。”

第4步：要求“湿毯子”帮助你

拒绝“湿毯子”们的观点可能会刺激他们希望看到你失败，只是为了证明你是错的。可是如果你请求他们的帮助，一定会让他们大吃一惊的。而且“湿毯子”们可能会原谅你不按照他们的意见行事，并会成为你达到目标的有力支持者。你可以这样说：

“我知道你觉得我放弃工作、卖掉房子搬到纽约去简直是疯了，我很感谢你的意见，不过我还是要这样做！我举行搬家甩卖的时候你能帮我吗?”

“我相信你所说的，我成功的概率很小。不过我还是想让你做我的搭档，我们一起努力完成这个项目。你觉得怎么样?”

“你想让我避免可怕的失败，我很感谢。不过我已经决定要开始自己的事业——这是我的梦想。我知道你不是完全支持我的想法，但如果你愿意帮忙的话，我会非常欢迎。”

与难以相处的人打交道中的“要”和“不要”

- **要**在你觉得快要屈服的时候坚持下去。
- **不要**立刻回应。深呼吸后再数到10。
- **要**倾听对方值得认同的方面。
- **不要**为了一些细节进行争论。
- **要**先想好你要说什么，然后再开口。
- **不要**被气势汹汹的人压倒。
- **要**练习一下自己拒绝固执己见的人所提出的建议的能力。
- **不要**让消极悲观的人抑制你的热情或者剥夺你的梦想。
- **要**坚持自我，这样才能够让言语上咄咄逼人的人尊重你，并在以后减少向你施加压力。
- **不要**在面对好斗的人所施加的压力时放弃自己的想法。练习你的果断能力并在下次出现这种情况时做好准备。

第2部分 职场和生意场上左右逢源的技巧

第6章

与上司沟通一定要时机得当

也许你和大多数人一样也是每天工作8小时，或者一周中醒着的时间里有一半是在工作，更不用说还要花费额外的时间处理其他与工作相关的事情了。总会有这样的老板，他们对员工太过苛刻、专制、压榨员工、没有耐心、毫无条理、咄咄逼人或者根本就是无能。怎样与他们进行良好的沟通，从而对你的工作效率、工作满意度、表现评价和晋升机会都有好的影响呢?

与上级交谈需要技巧，要能掌握机会。为了得到你想要的结果，可以在老板方便的时候，走上前去，简短并充满信心地说出自己的问题。总之，不要展开激起怒火的谈话，当你通过宣泄怒气获得短暂满足之后，严重伤害你职业生涯的报复也会接踵而至。

技巧1“我要加薪!”

在你冲进老板办公室要求加薪之前，请一定得记住这点：你个人的财政问题不在老板关心的范围内。还有，仅仅以努力工作作为你加薪的理由是不够的。你还要说服你的老板——还可能包括你老板的老板——通过你的特别努力，为公司节省了更多的成本、赚取了更多利润、提高了工作效率，所以你应该得到加薪以作为奖励，并且你还将作出更多的贡献。

加薪通常伴随着升职，所以如果你希望负起更大的责任、获得更多的报酬，那么就向老板建议由你承担起更多的责任。这些责任可以使你的职业发展向下一个高度进发。这其间可能会有一个职位出现空缺，而你已经向老板证明了你能够完成新的任务，而且是一个能够自我激励的员工。这些才是能够获得晋升的人所具有的素质——当然，他们也因此获得了加薪。

不过，你获得加薪的途径不止升职一条。记住，你的工作职责决定了你的报酬。为了知道你的工作和薪酬是否相匹配，可以给一些猎头公司打电话，了解一下类似职位的平均薪酬水平，然后向行业协会打电话，了解一下与你的工作量相近的人的平均工资水平。你甚至可以和同行们聊聊，这样你就能了解自己工作的合理薪酬水平，但是要记住：很多人都不愿意明确告诉你其薪资水平。

当你已经获取了足够的信息，知道了自己的价值，也练习了想要说的话，你就已经做好要求加薪的准备。为了赢得这场“斗争”，你必须要求能够和上级有10分钟的不受打搅的谈话时间，这样你们才能更好地讨论这个重要的话题。要求加薪是件让人紧张的事情，在会面过程中，你可以运用第3章提到的放松技巧。记住，在谈话之前，要深吸气然后慢慢呼出，并带一点点“咝咝”的声音。想象着你正在很轻松、充满信心地进行着会面。活动一下头部和肩膀以放松颈部肌肉。轻轻摇一下自己的手臂可以消除颤抖。最后，去卫生间检查一下自己的仪容，利用这最后一点时间集中精力。

是时候去老板的办公室了，你可以这么开始：

“我想讨论一下我在部门内晋升的途径。我最近已经为公司完成了……但是我知道自己的能力不止于此。我知道部门里很快会有一个职位空缺。现在我想您已经知道我能够承担一些责任，我能够胜任这些工作。您觉得怎么样?”

或者为了直接要求加薪，你可以说：

“我想和您谈谈给我加薪的事情。我按照要求完成了这些工作，而所有这些都不在我的工作职责之内，所以我想也许我的工作可以重新安排，这样我就可以有更大的发展空间。”

如果你的老板说：

“那么好吧，你想要多少?”

要事先想好一个明确的金额，你可以说：

“我觉得每小时增加……（每月、每年）是比较合理的，这也符合行业内类似工作的平均水平。”

灵活应对老板的反对意见

老板可能会否决你的要求，你要想到这点，并通过提出建议或者其他替代方案来使沟通持续下去。你可以结合自己的情况灵活运用以下几种例子，注意其目的都是要让老板知道你想让自己的事业更进一步——而你希望老板也能这样想！

你的老板说：

“你想在我们的预算减少的情况下要求加薪?！我们没办法再多支付你任何报酬了。”

你可以回答：

“我知道现在公司预算紧张。不过可能还有其他方法。把我的提成提高5%或者让我有机会接手更大的项目，怎么样？”

你的老板说：

“恐怕目前部门内部没有合适的职位。实际上，我们正在裁员。你必须保持现状。”

你可以这样回应：

“如果是这样，那可能我就要调往其他部门了，那里我会有更多的发展机会。你觉得这样的可能性有多少？”

如果你的老板说：

“呃，如果你走了，我会很被动，因为你是我们部门最好的员工。”

你可以回应：

“很感谢你这样说，这也正是我觉得我应该得到加薪的原因。我们能不能想点别的办法？”

你的老板说：

“可问题是，如果我给你加薪，那么部门里每个人都会要求加薪。我该怎么对他们说呢？”

你可以说：

“我们没有形成联盟，我不会和任何其他人谈论这件事情。我只希望在公司内能有机会提升我的事业。这样做没有什么问题吧？”

你的老板说：

“想要在工作上更进一步没有什么错，你也应该获得加薪，但是我觉得总经理肯定不会同意的。”

你可以说：

“我很高兴你也认为我应该加薪，那你不如把我的要求跟总经理说说？至少他会了解你很重视我的工作。如果他不同意，你们也许能够想出什么别的办法来奖励一下我这样努力工作的员工。”

你老板说：

“我很抱歉，我不想让你有不切实际的期望。我知道给你加薪几乎是不可能的，除非公司的情况有所好转。”

你可以说：

“我理解。感谢你抽出时间和我讨论这个问题。我们三个月后再讨论这件事情，可以吗？”

当要求被拒绝后

如果你加薪的要求被拒绝了，这可能会让你愤怒、威胁要辞职、降低工作效率或者坐在桌边生闷气。不管怎样，写一张清单，列出你可做的选择或转到其他职位的机会。另外要记住以下几点；

- 你的老板知道你的职业目标，也意识到你没有得到应有的激励，你可以在别的地方寻找就业机会。
- 失去优秀的员工让主管感觉很不好，所以可以采取“等等看”的态度，并希望你的主管能够找到别的办法以满足你的要求。
- 不要放弃。重新写一遍你的工作描述，完成工作目标并提出可能的解决方案。要让老板明白你要求上进的心是坚定的。

技巧2 “你真不公平！”

这种模模糊糊的抱怨是源于挫败感。听到这些，上级可能会反唇相讥：“谁也没说过生活是公平的——每个人都知道这个工作不公平！”不要像个被宠坏了的孩子一样吵闹，要认清你的问题并要求和老板单独谈几分钟。你可以这样开头：

“我们可以单独谈几分钟吗？”

私下里要简短地描述一下自己的问题，然后说说自己的解决办法。你可以说：

“我的请求没有获得通过，我有点失望。你能给我一些反馈吗？这样，下次我再提出请求的时候，获得通过的机会就能大些。”

“你不满意我的报告，让我很挫败。你能够告诉我我的问题出在哪里吗？这样下次我的报告就不会出现同样的问题了。”

“如果有更明确的指导和相关的案例，以及有建设性的批评，我的工作效率就会更高。”

技巧3 “这个期限太荒谬了！”

现在是周四下午，你的老板堆了一摞文件在你的桌子上，说：“这些都是最最紧要的，客户明天一早就要。”你诅咒、放弃晚饭，工作到半夜，但还是无法完成任务。你可以向老板抱怨说完成这样的任务是不可能的，但是当工作没有完成时，老板还是把你骂得狗血淋头。

你有几种方法可以告诉老板，这样的期限要么不切实际、要么需要再加派人手并重新设置优先级别。在你的老板把任务堆在你的办公桌上时说：

“过会儿我向您汇报具体的工作计划。”

花上几分钟时间估计一下完成一个或者两个部分需要多少小时，由此估算出完成整个任务需要多长时间。一定要给未能预见到的困难留出时间。然后把你的结果报告给领导。你可以说：

“琼斯先生，我需要和你谈谈这些任务的完成时间。处理每项文件需要两个小时，一共是 6 个文件。如果不……我不知道该怎么完成。”

如果你的老板打断你：

“我没时间听你解释！我已经向客户保证我会在明天早上 8:30 之前把这 6 份文件放在他的办公桌上。如果不能按时送到，他们会认为我们没有信用，我们这里有人就会很惨！看看你已经浪费多少时间了？还不快回去工作！”

你应该有礼貌地回应，并控制住自己的声调：

“抱歉，琼斯先生，但是我说的是：如果你想兑现对客户的承诺，那么我需要从你其他的项目组中抽调 3 个人来帮我。如果可以这样，我想我们就能够按时完成。我们会通过夜班快递给他送过去！”

你的老板停了一下，注意到你实际上是在为工作着想，然后说：

“啊……那么……好吧。好主意。否则我就得给客户打电话编造一些借口，我不想再这样做了。”

你也可以说：

“琼斯先生，我理解很难向客户说不。我想明天占用你几分钟时间，讨论一下我们有没有更好的办法完成类似的工作。我有点想法，可能会帮助我们处理这样的紧急情况。”

然后你可以建议：

“如果你能够明确我的权限，会对我产生很大的帮助。请挑出一份必须要首先完成的文件。然后按照重要程度列出清单。这样我就能够完成最重要的文件，也不会在这点最后的时间里手忙脚乱了。”

为了帮助老板以后能设置更加切合实际的截止时间，你可以说：

“琼斯先生，如果以后我们能够每周一早上开一个例会，把这一周的工作安排一下，我们就会在面临此类工作时更好地应对了。”

技巧4 “我不想工作到那么晚了！”

当老板不讲道理地不断要求你工作到很晚时，你会怎么办？你总要为了工作而改变自己的计划，放弃与家人在一起的时间，只是为了完成老板交给的紧急任务。你该怎么办？

也许你毫无条理的老板会说：

“我们的进度真的拖后腿了，我希望你能够今晚加班。”

你可以说：

“希望我能够帮你，但是恐怕不行。我今天晚上已经有安排了，而且没法更改。”

如果你的老板向你施加压力：

“你真的要把我扔下不管吗？你确定你不能留下来？我真的很希望得到你的帮助。”

因为不想受到操控，你可以说：

“就像我说的，我已经做好安排，而且不能改变。不过我可以问问办公室其他人，看是否有人愿意加班。我会尽量帮你找。”

如果老板已经形成让你工作到很晚的习惯，你就要和他就工作超时的问题进行沟通，以降低工作量。你可以这样说：

“我理解有时候加班是必需的，但是我的家人却经常因为我回家很晚受到影响。”

老板会说：

“我很抱歉，但是你的家庭问题不是我要考虑的。”

你可以回答：

“我很抱歉你这样想，我想如果能够找到让我既尽到对家庭的责任又能够完成工作的办法，还是最好的。我这周可以加班，但是我想也许下周我可以早走几天。”

技巧5 “我工作时间太长了！”

如果你发现过度的工作损害了你的健康、家庭生活或者整体的生活质量，就必须要向上级提出，你工作的时间过长。要做一个表格表明你一周中的工作任务，以及每项工作需要的大概时间。将这份清单交给老板，说：

“我知道这些工作都是很重要的，但是你也可以看到这份工作计划表，完成这些工作，每周需要50~60个小时。”

如果老板说：

“我不管你花费多长时间完成——这是你的事情，如果你希望有这份工作，你就最好干完！”

你可以回答：

“抱歉，史密斯女士，我愿意用额外的时间完成工作。但是我的实际情况不允许我继续每周工作这么长时间了。事情总有个限度，我已经透支了。”

如果老板说：

“我不知道你想让我做什么。总要有人干活的。就这样吧。”

你可以说：

“史密斯女士，如果你想要在这样高强度的情况下让工作顺利完成，我有两个办法。”

老板（现在对新想法有兴趣了）说：

“哦，真的？是什么？”

你可以很平静地说：

“第一个办法，你聘请更熟练的员工来完成如此有挑战性的工作。第二个办法，至少要为目前的工作优先级重新进行安排。”

技巧6“你永远不满意!”

没有什么比在你经过最辛苦的努力之后，却从未听老板说“干得好”更让人泄气的事情了。很少或从不称赞员工会造成员工们的怨气、挫败感和消极情绪，这些都会造成工作效率的低下。以下有两种巧妙的方法可以让老板对你进行鼓励和提供更有建设性的反馈。你可以说：

“我不介意人们指出我的错误，那样我才能够改正它们，但是让我知道哪些是做得对的也有助于我的工作。”

如果老板说：

“听着，我没有时间牵着你前进。”

你可以回答：

“安德森女士，我不想让你牵着我，可是像你说的那样，简单地认可一下我所做的，积极地反馈和提供有建设性的意见可以让我工作起来更加有效率。”

技巧7“别把我当狗一样!”

有的上级可能会咆哮着发出命令，毫无理由地冲你发火，希望你能够了解他们所想。或者他们行事粗鲁，让人不快。这时你不要怒气冲冲地离开，也不要被动地接受有虐待倾向的老板暴躁脾气的折磨，要采取坚定的方法解决问题。

如果老板把你最近完成的工作狂批一通，并叫喊着：“这就是所谓的干得好?!”你可以回答道：

“拜托，让我先看一下。我要知道是什么问题。”

如果老板现在变得更加态度恶劣，叫嚷着："我不敢相信你这样对我说话！任何笨蛋都知道这项工作错在什么地方！你犯了个大错！"你可以说：

"抱歉，约翰逊先生！我看得出你很不高兴。如果我工作出现了错误，我会为此承担责任。不过我不理解你想让我干什么。请给我举几个明确的例子，我会重新做的。"

如果老板继续大声叫嚷："代理机构说你是最专业的，但是我发现我的长尾小鹦鹉干得都比你强！"你可以打断老板的话，坚定地说：

"等等，约翰逊先生！你无权那样对我说话，这严重无视我的感受。我知道你希望按照一定的规矩完成工作，如果我的工作有失误我会纠正的，但是我希望你能够对我有礼貌，请尊重我。"

在多数情况下当你对虐待狂老板进行反抗的时候，他（她）至少会暂时软化，这时是提建议的好机会：

"约翰逊先生，我觉得我们需要改进我们之间的沟通。我们能不能谈几分钟，就为了以后我们能够更加高效地一起工作？"

技巧8"别再骚扰我，你这个色鬼！"

工作中的性骚扰是不适当也是非法的行为。而你老板的个人问题或者错误判断可能是他（她）缺乏专业精神的行为和不当性要求的原因，而这些会让你的生活和事业陷入困境。

在你向老板的上级投诉之前，要尝试着与老板就这个问题进行私下沟通。言语要直接、简短。要求几分钟的单独会面，看着他（她）的眼睛，说：

"我想让你完全清楚，我不喜欢你的办公室性骚扰和粗鲁的言辞，我希望你能够停止这种行为。”

如果老板满脸嘲笑着说：

“我进行办公室性骚扰和粗鲁言辞？哈！你想得倒美！不管怎样，你们这些办公室女郎太敏感了！现在，擦干眼泪，漂亮的小脸蛋上要挂满笑容，回去工作吧。”

你可以告诉老板性骚扰的定义包括哪些，不要感情用事，只是平静地陈述事实，你可以说：

“莱恩先生，可能你不知道，涉及性方面的评论、不必要的邀请、有暗示意味的照片、威胁恐吓、挑逗、抛媚眼、拍打和捏揉都算是性骚扰。如果继续骚扰我，我就要向你的老板、公司、工会和劳动部门提起书面投诉。”

在你进行正式的口头或者书面性骚扰投诉之前，要记录下每一次的不当行为，包括时间、地点、有无目击者，还要有一份对当事人言语和行为的客观的描述。如果这样的行为没有停止，你要向公司更高决策层递交投诉时，这些就是你进行反击的武器。在你递交投诉时，至少要保留3份副本。将1份递交给当事人，1份给他或她的上级，1份留给自己。

不过除非还有其他投诉，否则你老板的上级会压下这个问题，并支持你的老板，对此你要有所准备。如果真的是这样，而你想坚持自己的投诉，就需要与当地的或全国的工会组织、公司的法务或者人力资源部门以及劳动部门取得联系以获得更多的帮助。多数情况下，最有效地应对工作场所中性骚扰的方式是尽快摆脱骚扰者的影响。

技巧9 “我要转岗！”

不管你是真想要转岗还是想要逃离虐待狂老板，都要事先做好功课。询问其他员工关于想去的部门上级的声誉。他们的反馈将帮助你确定你们的工作方式是否相适合。毕竟，才出虎口又入狼窝可不是什么好事情。当你做好准备，就要口头并书面向你的部门领导而不是你的上级提出转岗请求。

如果你是因为部门领导不能提供发展机会而希望转岗，你可以说：

“我想转岗到……因为我觉得我在那里能够获得更好的机会，并且实现我的职业目标，就是……我很高兴为你工作，也很感谢你一直以来对我的支持和帮助。”

如果你想转到另一个部门是因为个人冲突或性骚扰，就简单地陈述原因。但是面对各种质疑，要准备确凿的证据。时刻记住如果你能摒除情感因素，成功的机会就会增加。比如，你可以给部门领导写一封短信：

尊敬的部门领导：

我现在申请转岗到另一个部门，因为在过去的两年中我一直没有晋升的机会。

在目前的这个部门，我已经经过了事业起步期，而且我的表现完全合格。

从两年前我来到这个公司开始，我就为这个部门贡献了大量的精力，以我的表现，我有资格申请升职。因此，我想也许在另一个部门我能够为公司作出更大的贡献。谢谢你的理解并请你考虑这件事情。

真诚的

（你的名字）

（你的职位）

技巧 10 “我不干了！”

有时候，在尝试了能想到的所有办法之后，依然没能解决工作问题，你就会认为唯一的解决方法就是离开。如果你真的决定放弃这份工作，你有两种选择——要么得体地，要么充满戏剧性或者敌意地离开。你的时机、措辞都会让整件事情完全不同，哪怕你和老板的看法完全不一致。

如果你的目标是友好地离职，因为你永远不会知道什么时候还会再遇到这个老板，或者回到同一个公司……还有，行业内部的消息传播得非常快，你不希望背上“难以相处”的名声，即使错不在你。为了避免紧张的气氛并提高你获得推荐信的机会，以下是一些提示：

- 打印一份简短、态度平和的信，陈述你辞职的原因。
- 说明交接日期。一般是两周。
- 列出工作交接清单。
- 为继任者提供各种帮助。
- 尽量以积极的语气结束这封信，并写一些话语对他或她的帮助表示感谢。

你的辞职信可以这样写：

尊敬的贝多芬女士：

在经过认真的考虑后，我决定辞去在大钢琴公司的秘书职位，以争取其他的职业目标。我将工作到……接下来的两周，我会完成我的任务并为继任者准备好文件。当然，我很高兴帮助继任者接管工作，以使交接工作顺利进行。

做出离开大钢琴公司的决定对我来说很艰难，因为我在这里学到了很多知识。我也希望借此机会向你表示感谢，感谢你对我两年来的支持。

真诚的，

（你的名字）

如果要求与老板见面，最好是在周五，发薪酬之后，或者在完成一项重大任务后。你可以说：

“我想和你谈一件很重要的事情。我们今天能够找个时间单独谈10分钟吗?”

总结一下你的辞职信，不要说消极的话语、不要批评或者说什么临别赠言——不论你是多么想这样做。老板在接受了你的辞职信后，可能会有种宽容或者内疚的感觉。记住要请他写一封推荐信，他（她）可能会说不，但是这样问一下，也不会让你损失什么。保持语调轻快、积极向上，保持稳定的目光交流，保持肢体语言开放，微笑，因为你已经在新的冒险征程上迈步狂奔了。

确定你的职业目标，每天一个进步

如果你真的想采取行动，拒绝不愉快的工作环境可以是你绝好的动力。如果你觉得你的工作没有希望，那就要开始做点事情！可以先写下你的长期目标或者“梦想清单”——尽量详细！你想住在哪里？想在近5年内做什么？你想如何度过这些时光、赚取收入、满足自己的需要？下一步，制订一个计划，要包括至少10项中期计划，那会让你向5年计划更进一步。这些中期计划会让你保持状态。最后，制订即时和稳定的短期计划，这些会让你每天向梦想前进一小步。

第 7 章

与属下对话多点善意

你这个主管是不是经常进退两难呢？你想要得到下属们的尊敬，但是总有那么几个人把你的友善当做他们可以用马马虎虎的工作就可搪塞过去的信号。为了纠正这种局面，你必须批评一些员工，但又担心被员工疏远而在部门中造成摩擦。

这是主管们所处的困难情境中的一种。毕竟，如果你的部门能够完成所有工作任务而不用你发脾气、批评员工以至伤害人们的情感，那么管理是很容易的。鼓舞大家的干劲和监督大家工作是主管工作的一部分。如果你能够把坚定、灵活和敏感结合在一起，你的员工会接受你的权威，并向你提出各种建议。

技巧 11 “你话太多了！”

话匣子会浪费很多工作时间。下面的几个例子可能是发生在你办公室的小道消息发布会，也可能是正式的员工会议。目的是在不让对方感到难堪的情况下，督促下属们的怠工行为。

以下是一些针对不同类型的大嘴巴的控制方法。

对于“办公室社交家”：

“桑迪，很感谢你的热情，但是最近我注意到你在交际方面花费太多时间了。这样真的会让你的工作效率降低很多，也会让办公室的其他同事很难集中精力做自己的事情。如果你能把交谈放在休息时间或者下班之后，并更加关注自己的工作，这对大家都有好处。”

对于滔滔不绝的讲故事者：

“比尔，我想大家都想听你那精彩的钓鱼之旅，但我们现在时间很紧，需要专心完成工作。你的故事留到午餐时间再说，好吗？”

对于重复者：

“乔，你说得很好，但是我觉得大家都已经了解了……的问题。现在我们来讨论解决办法。你觉得第一步应该怎么做？”

对于交谈独裁者：

“抱歉，里克，不好意思打搅你。我们很感谢你在这方面丰富的知识，但我们想听听其他人的意见。下面谁来发言？”

技巧12 “这项任务彻头彻尾地错了！”

每个人都会在工作中犯错误。这需要聪明的上级在不打击士气的情况下，让员工们明白要“重新做一遍”。如果你只是一味地指责而没有肯定工作中正面的部分，你可能会让工作努力的员工们感到泄气。所以，当给出建设性的批评时，首先要表扬负责这项工作的人好的部分。

稍后再指出需要改正之处或者要求返工。在以下 3 种情况中要注意停顿：

“雷克斯，很高兴你发现了客户账目中的错误，你做得很好（停顿）。我同意你的看法，他们记账太随意了，但是你的建议书看着有点莽撞，会被认为过于傲慢。羞辱客户可能让我们失去这单生意——而我们绝对不想让这样的事情发生！我想你还是把建议书重新写一下，要更加注意语言技巧。例如请他们重新计算一下数据，看看他们的结果和我们的是不是一样。”

“陈，你想出了一个绝妙的主意，销售代表肯定会爱死你了。干得好！（停顿）在读了你的计划之后，我想改动几处可以让这个计划更为完美。我想和你一起把这些改动重新梳理一下，这样你今天可以把这些添加到计划中。”

“戴安娜，看得出来你为这个项目工作得很辛苦。你的努力当然应该得一个‘A’。（停顿）不过，我的要求可能没有说清楚，或者你没有理解如何完成这项工作。很遗憾，这项工作需要返工。我希望和你一起做，这样你可以有一个正确的方向。我们一起努力，会做好的。”

技巧 13 “这可不是我想要的井井有条的工作！”

不是所有令人不满的工作都是因为沟通不畅和缺乏培训。有时候人们希望静悄悄地干活，不愿受到任何言论的影响，但是质量却很糟糕。如果你希望成为一个成功的主管，永远不要接受未达到水准的工作结果，要直接但友善地把工作退回给下级。提醒对方，你希望在这项工作中他（她）的表现要达到或者超过规定标准，并确保你清晰地界定了这些希望值。私下里告诉那些消极的员工：

“苏珊娜，我无法接受这样的工作结果。这真是一团糟，满是问题，还要耗费下一个为此工作的人的额外精力。我希望提醒你，所有指令都要打印出来，不要潦草地写在什么草稿纸上。同样，我希望你能够复查一下你的工作，以便在把工作提交给财务部门之前纠正任何可能的错误。请问你能做到吗？还有什么问题？”

如果你在推翻他们的工作时，下级有点抵触情绪或者嘟囔着一些不理智的话时，不要大惊小怪。他（她）可能会说：

“我没有足够的时间了！”

“没有人能够帮我！”

“我的另一位领导不在乎它看上去怎样，只要我完成了就行。”

你可以回应道：

“我理解当一项你辛苦完成的工作被扔回给你时，你肯定感到很沮丧。不过我们得面对，这项工作你完成得不好。所以，这次，请把工作正确完成。你有什么问题吗？”

在多数情况下你会看到员工的工作表现有所提高，但是要防止其再按照旧习惯完成无法达到标准的工作。

如果工作效率一向较好的员工近期下滑非常明显，你就需要巧妙地询问一些私人问题以帮助他（她）解决问题。为了方便交谈，把你的下级请进办公室，关上门，可以这样问：

“卡洛斯，我注意到你最近几周的工作质量明显下降，这影响了我们团队的士气和工作效率。我很想知道，你是不是有难处，也许我能够帮助你。”

“简，你的销售业绩在过去的几个月里下降了不少，你还总是请病假。我觉得也许我们得谈谈你的问题。”

要强调你不是想要听一些个人隐私，也不会对他的个人生活指手画脚——你只是希望在员工的私人问题变成不可控制的工作问题之前，阻止它们。但是要声明所有个人信息都是完全的隐私。如果下级真的告诉了你其个人或者医疗问题，你可以建议他（她）尽快去寻求健康医疗专业人士的帮助。

要时刻记住的是，作为上级主管你要为团队成员不断出现的错误而承担责任，这些成员可能：

- 为了应对不合理的工作截止日期，工作推进过快。
- 因为工作时间过长而过度劳累。
- 因为竞争过度而彼此关系紧张。
- 工作空间照明不佳或通风不良。
- 工作设备配备不齐。

如果你能发现一些经常性的错误是由上述原因造成的，那么就要依靠你这位上级主管通过调节工作量、截止日期、团队关系或工作环境来寻求解决方案了。

技巧14 “不要再闹了，否则我把你们两个都开除！”

怎样才是处理闹矛盾的下级的最好方法呢？支持一方会让他高兴，但肯定会疏远另一方。从另一方面讲，抱着他们会自行消失的希望而忽略员工问题，你是永远不会如愿的。不过，如果你被很多抱怨缠住的话，你就要花费大量时间充当和事佬而不是主管。不要用不点名批评的方式让人们想要辩护，而要通过分别询问各方获得确凿信息后，采取公平对待的方法解决问题。你可以问：

“金，我发现你和乔之间的关系有点紧张，出什么问题了呢？”

“乔，你和金好像有点摩擦。到底发生什么麻烦了？”

然后把双方叫到你的办公室，以确保大家明了特定的问题。在你明确了事实之后，建议双方妥协和解。比如，如果双方为了使用办公室里唯一的一台电脑而产生矛盾，重述一下你对这个问题的看法。你可以说：

“就我了解，如果有人从早上就开始使用电脑，直到下午还不离开。结果就是，另一方要更晚些时候才能够使用电脑。对吗？”

（这时候，停下来，等双方确认引发矛盾的根源。）

“根据这种情况，我建议你们进行一下安排。你们两个可以分配一下电脑的使用时间界限。这样怎么样？金早上输入数据，乔下午输入数据。你们可以每周调整时间安排。”

如果这样对工作效率产生副作用的问题依然存在，你就需要把双方同时叫进办公室，向他们发出最后通牒。你可以说：

“金、乔，请仔细听着。你们之间的矛盾已经影响到我们的工作，我不允许这样的情况继续存在。现在，我们花上几分钟时间解决问题，或者至少把它放在一边，专注工作。底线就是：如果你们两个不能共事，我可能就要采取自己的办法解决了，这个办法可能不会让你们任何一方满意。那么，你们打算怎么办?”

技巧 15 “你的牢骚太多!”

不断地抱怨、发牢骚、尖酸刻薄、暗箭伤人，诸如此类的恶劣态度和低落的情绪只是员工工作态度不佳的一些表象，这些症状也间接表明了他们对你管理风格的不满。当员工们觉得得不到认同或者受到挫折，他们的士气和工作效率自然会受到影响，部门其他同事会跟着遭殃。你不要指责员工的消极态度，而是要去发现隐藏的原因。你的目的是通过改善情况而改变员工的态度。仔细听取员工意见，并避免批评他们，你可以问：

“阿尔瓦雷斯，你最近好像情绪不高，我注意到你不像以前工作时那么充满热情了。能跟我说说困扰你的是什么吗?”

“索菲，过去的几周里，我注意到你在团队会议上发了很多牢骚。显然有些事情让你不快。你遇到什么麻烦了吗?”

“马尔科姆，你好像在对我进行‘无声的抵抗’。我觉得有些事情让你愤怒。能跟我说说吗？是什么样的问题?”

心情不佳的员工在愤怒的时候，可能会大叫、大哭、走开或者爆发。这些会让主管们面对极富挑战性也通常极其微妙的情形。以下是一些如何面对这种非常容易激动的员工的一些提示：

- 不要对他（她）所说的有任何反应，简单地听着就好。
- 如果员工指责你的管理方式，不要为自己辩解。记住，下级的真实反馈可以帮助你成为一个更高效的主管。

- 如果员工开始叫喊或者哭闹，要保持冷静，不要与其对喊。
- 建议你们双方稍稍休息一下，稍后再进行讨论，让员工有机会冷静下来。
- 如果你的员工走开了或者爆发，不要强迫他（她）留下来或者冷静说话。你可以说你们最好结束交谈，让双方把问题暂时抛到脑后。

多数上级只会批评下级的工作，一个聪明的主管知道，就算是最好的员工也需要你的表扬。赞扬为你工作的人可以消除他们的敌意，这也表示你感激人们的无穷创造力、努力的工作、工作的高效率和所取得的成绩。有的人在面对别人的赞扬时会感到不舒服。为了缓解他们的尴尬，你可以在提出一些简短、易于回答的问题后，再进行积极的评价。

下面是一些在易于回答的问题后，再进行积极评价的例子：

“格雷格，这本书的封面设计你做得很好。最开始你是怎么想到用这样一个主题的？”

“西莉亚，非常感谢你能够搞定那位发飙的客户。我觉得她都快要把房顶掀翻了，但你立刻就让她安静下来了。你怎么做到的？”

“你的表现绝对完美。你在哪里学会这样说话的？”

技巧16 “我没能遵守对你的承诺”

很多例子都在证明“不要作出无法兑现的承诺”。有时候优秀的上级作出承诺只是为了日后的食言。但是食言总是让人难堪的，越快纠正你的鲁莽行为，效果就越好。向下属解释你的失误，然后道歉，不要因为自己的行为不当而迁怒他人。如果有可能，要妥协一下，比如：

“艾伦，我在答应把丹的办公室调给你的时候犯了错误。我应该先让你向人事部门提出申请，最后是他们作出决定。没能实现我的诺言，我要向你道歉。”

“汤姆，我很抱歉，之前我告诉你下周五可以有一天假期时，我说话有点草率了。我忘记那天我们要向销售人员做一个演示，我需要每个人都到场演示各种说明材料。请你选其他一天倒休，可以吗?”

“埃德，答应让你获得安妮升职后留下的职位空缺，是我的错误，我很抱歉。我会为你进行推荐，但你要和其他候选人一样进行面试。”

技巧 17 “你没有得到升职的机会”

拒绝一位下属升职的要求可能会令其非常难受。如果你只是说其他更合适的人获得了这份工作，而没有给出有建设性的意见，你的下属就不知道如何提升自己。此外，他（她）可能会产生强烈的挫败感，觉得获得提升的机会渺茫。你可以帮助下属消解失望情绪，并帮助他（她）获得未来晋升的机会。你可以说：

“迪安，感谢你能够申请……的职位，但是你还需要获得在……方面更多的经验，同时还要提高你在……方面的能力。”

如果你的下属回应：

“这不公平。我从没犯过任何错误!”

你可以回答：

“迪安，当你提升……的技能，然后，如果类似的职位出现空缺，你就会有更好的机会。我建议你认真考虑一下我们之前讨论的培训。你需要做一些准备，这会对你的未来有好处。”

技巧 18 “我不会给你加 1 分钱的薪!”

多数情况下，薪水是与工作表现以及升职有关的。但是，当员工提出不合理的加薪要求时，主管肯定会拒绝。主管一定要保持公平和坚定的态度，同时还要在拒绝员工加薪要求的同时鼓励他们，否则员工会觉得受到了打击。向他们提供切合实际、有帮助的建议，这样员工才会愿意让自己表现得更好，以期在不久的将来获得加薪。比如，你可以说：

“埃莉斯，恐怕目前我不得不拒绝你关于加薪的特别要求，因为从你目前的表现来看，还不足以证明你值得加薪。”

如果下级回答：

“我不明白，杰基和我做同样的工作，每小时却比我多赚1美元。这样不公平！”

你可以回答：

“埃莉斯，如果你的工作表现和杰基一样出色，我就会建议给你加薪，但是你的工作质量还没有达到那个水准。”

下级不甘心地说：

“好吧，我放弃。”

你可以回答：

“听着，埃莉斯，我知道你现在感觉有点挫败，但是我不希望你就此放弃。如果你想要加薪，你必须提高工作效率，我愿意帮助你。我们一起来看看你的工作评估，然后看看你能够在哪些方面提高自己。这样几个月后，如果你再次提出请求，我会同意的。”

通常情况下，主管都会拒绝员工加薪的要求，原因就是预算的限制。当出现这种情况时，你可以这样说：

“尼克，就算你应该获得加薪，我也没有预算支付，要等到下一年对你进行评估的时候了。我很抱歉，不过也许我能帮你在工作方面做一些补偿。”

如果一位员工已经获得了最高的工资水平，你可以说：

“吉姆，你已经处于这个工资档的最高水平，所以我不能再给你加薪了。我建议如果你想要更多的薪水，你可以看看薪资水平更高同时责任也更大的工作机会。”

如果下属回答：

“哦，这真让人失望！你知道我很喜欢在这个部门工作！难道你就不能做点什么吗？”

你可以说：

“说到给你更多的钱，而不是给你一个非常好的工作推荐，恐怕我也无能为力。但是，也许我们可以想想我能够对你付出的努力进行奖励的方法。”

如果固定薪酬对你的全体员工都产生了影响，就要向全体员工表达你的遗憾。你可以说：

“我很抱歉地告诉各位，这个必须要由我来传达的信息，是个坏消息。我们公司决定在有进一步通知之前，要冻结薪酬。我知道这对我们所有人来说都是坏消息——包括我自己——我也不想试图说服你们任何人。”

如果下属们回答：

“我们只能接受这个！我们还能做些什么？”

你可以向他们保证：

“我知道这样的要求很苛刻。但行业情况不好而公司也产生了一些问题。实际情况是，如果我们公司倒闭，我们就都要失业。当情况好转时，我想我们会恢复正常加薪的。”

技巧19“我们要裁员”

当管理层决定要裁员或调整职位时，主管们经常就被选来传达坏消息。如果裁员成为你的部分责任，就要尽早在办公室私下里告诉每一个人。强调做这样的决定是非常艰难的，而且不是员工的错误。你的目标是尽量降低这项决定所带来的伤害，提供帮助，帮助被裁员工进行过渡。尽管多数员工能意识到，裁员并不全是你的决定，但你还是要做好面对愤怒、不信任和怨恨的准备。最好的办法是充满同情心地直言相告，并提供失业保险的各方面信息。你可以这样说：

“安娜，我很抱歉，但是我们不得不让你下岗。我只是希望你知道，你工作很努力，但是就目前的市场状况来看，我们必须裁员。”

如果她回答：

“我为公司做了那么多，你怎么能这样对我？真让我不敢相信！”

你可以说：

“我明白这个消息让你很难过，但是我没办法改变任何事情。我很抱歉，因为我很喜欢和你共事，我觉得你干得很好。”

如果下属说：

“我也很喜欢。但是我以后该靠什么赚钱养家，支付账单呢？”

你可以说：

“相信我，我希望这一切都不会发生。我帮你收集了一些失业救济和其他福利信息。我会给你写一封推荐信，跟同事们打好了招呼，以备他们需要招人。我不能向你保证什么，但是如果情况好转，我们还需要人手，我会打电话请你回来的。”

技巧20 “你被开除了!”

对多数主管来说，开除一个员工是一件让人不愉快的事情。作为主管，你必须考虑到员工的权利是受到法律保护的，他（她）的情感也同样如此。在你开除一个雇员之前，先要查明公司的政策。下面是逐步使其接受的方法：

- 一次有记录的口头批评。
- 让其纠正问题的明确指示。
- 一份书面警告以明确问题所在和消除问题的允许时间。
- 一次雇员听证会以允许该雇员获得一次自我陈述的机会。
- 一次一天停职以表明问题依然存在。
- 发出最后通牒以告知雇员如果他（她）的行为在规定时间内没有改变，最终决定即将作出。
- 一次解职谈话以解释解职的原因。

你的目的是有礼节地处理员工与公司之间的关系，允许他（她）保持尊严而不感觉你的决定非常突兀或者不公。但是当你给出坏消息的时候，仍要做好面对痛苦、叫喊、逃避或其他情感突然宣泄的准备。这时你要保持镇定、具有专业精神，在情况允许的情况下表示同情。以下是一些你可以说的：

“帕特，我们得让你离开了。在过去的几周里，我已经尽力向你解释了你需要改正的问题，但是我没有看到改变。”

或者你可以说：

“帕特，在认真考虑之后，我们作出决定：你不适合在这里工作。我会起草一个双方协议来解除我们的合同。”

然后，不要就这个问题进行争论或者解释你的决定，继续说道：

“今天是你上班的最后一天，但是我们公司的政策是再支付你两周的薪水。此外，还有一些关于你以后找工作会需要的福利方面的书面材料。”

最后，允许被解职的员工进行回应，然后倾听他（她）的反应，但是不要为你的决定让步。然后结束这最后一次谈话：

- 强调该员工做出的所有成绩和个人贡献。
- 就给予对方将来雇主的推荐信内容达成一致。
- 如果谈话以专业方式结束，要和对方握手。

己所不欲，勿施于人

今天，要求高的工作岗位需要你作为上级知道如何为员工争取最多的利益，而同时还要尊重并认同他们的需要和应得。明智的沟通是你能够有效领导一群员工的最重要工具之一。有一个简单的黄金定律在职场被广泛应用：己所不欲，勿施于人。

做领导“要”和“不要”做的事情

- **要**让你的评价和纠正意见清晰明确。
- **不要**模棱两可和淡而无味。
- **要**平等、尊重地对待每一个人。
- **不要**培养私宠。
- **要**在给出建设性批评意见之前先行表扬。

- **不要**只关注员工们犯的错误。
- **要**给下级更多的赞扬而不是批评。
- **不要**在其同事面前斥责一个下属。
- **要**保持友善和热情。
- **不要**在下级出现错误的时候情绪失控。
- **要**探索能够使员工改变工作方式或者提高工作效率的方法。
- **不要**像仁慈的独裁者或者居高临下的家长那样说话。
- **要**在批评之后保持友善。
- **不要**躲避难以应对的下级。
- **要**通过提出问题让下级知道你的期待。
- **不要**想当然地认为你的指导像铃声一样清晰。
- **要**避免涉及与员工相悖的话题。
- **不要**和下级讨论你的私人问题。
- **要**用你的幽默感让员工感到舒适。
- **不要**和下级搬弄他们同级员工的是非。
- **要**让你的员工知道你能够帮助他们解决问题。
- **不要**忘记和员工们进行一些闲谈以表明你关心他们生活中的重要事件。
- **要**在下属员工的同事面前提及他们积极的方面。

第8章

和同事交流少掺杂个人情绪

同事抽烟时喷出的烟雾是不是总会飘到你的办公区来，让你咳嗽不止？新来的办公室助理总会打断你，请求你帮他完成本该由他来完成的工作？你最好的办公室友谊是不是慢慢变成了充满敌意的竞争？固执己见的同事有没有总想让你参加一些你尽力避开的社交活动？

每个人都会不时给同事带来各种困扰。得体地应对工作中的冲突，需要在解决特定问题的同时，不让自己或者同事产生怒气或者受到伤害。如果你允许一个麻烦问题不断发展直到你怒气爆发，同事们会感到不解和厌恶。从另一方面来讲，如果你针对某一问题不置一词、不采取行动，最终你周围将会充满敌意而你也无法摆脱沮丧的心情。研究表明，如果员工能够坚决地应对很多人与人之间的冲突，在事业方面就有可能获得进展和提高。不要在发表言论的时候掺杂个人情绪，比如：

“你总是……”

“为什么你就不能……”

“你应该更多地了解……”

像这样的批评言论经常会激化矛盾，让人们变得不友好不合作。而大多数人在面对合理的要求时，还是能够平静地接受的，以盛气凌人的态度发出专横傲慢的要求往往会适得其反。

技巧 21 “不要再邀请我参加什么无聊的聚会了”

你有没有接到过下班后去酒吧或者同事家里小聚的邀请？但实际上你并不想去。可能有的同事会过度沉溺于此，他们变得吵闹、对老板和同事们飞短流长，你可能不想参加与工作相关的社交活动，但是拒绝这样的邀请会让同事对你有不好的印象。

下一次，当你发现自己又一次处于这种困境时，可以尝试采用下面的 3 步方法来拒绝邀请：

- 首先，复述一下邀请，这个时候给自己一点时间整理思路。
- 然后，予以礼貌地拒绝。不用给出任何特别的理由，除非你刚好有个现成的——这个主意很不错。
- 最后，感谢对方的邀请。

下面是两个拒绝邀请的巧妙说辞：

“你们下班后想在山姆的公寓小聚一下？抱歉，我去不了，不过谢谢你们想着我。”

“这周五下班后在海伦的公寓有聚会？嗯——，我看看我的日程表。好像我已经有安排了，不过还是要谢谢你邀请我。”

别忘了，如果你每次都拒绝这种与工作有关的社交活动邀请，同事们很快就会得出结论：你不喜欢聚会，也不想和他们有什么交往。为了不让同事产生这样的想法，可以考虑接受其中几个邀请，并加以时间限制。你可以说：

“你们要开聚会？我也想去，不过我可能只能在那里待上1个小时左右。谢谢邀请我！”

用这样的方式，你可以和同事们在办公室外了解彼此，并且在情况让你感到不舒服之前，就可以离开。

技巧22 “你没完没了地聒噪，真让我抓狂”

在办公室进行持续时间过长的大声交谈，或者经常接打私人电话会成为办公空间的同事们挠头的问题。想想看这有多糟糕：几伙人总是聚在离你的桌子不远的地方，没完没了地谈论着，一点也不顾及在他们周围还在工作的人们。如果你友善而实事求是地提醒大声交谈的同事们，你成功的机会会比发脾气更大。首先，采取柔和的方式，可以说这样一些话：

“抱歉，伙计们。不好意思打搅你们的‘周一清早电影漫谈时间’，但是我没法集中精力工作，因为你们的声音很容易就传到这边了。”

如果有人挖苦地说：

“怎么了，你不喜欢电影？”

你可以回答：

“事实上，我也喜欢谈论电影，但如果我午餐前不把这份报告交上去，我和老板就惨了。你们介意把声音放小一些，或者去休息室或咖啡厅交流吗？”

如果一味唧唧喳喳的同事不肯停嘴，你需要向他（她）再解释一下。你可以说：

“约翰，我不想小题大做，但是当你的朋友们聚集在你桌子周围时，让我很难听清客户的电话。”

如果你的那位“有恒心”的同事回答：

“哦，得了，放轻松点。我们只是找点乐子！”

你应该回答：

“我知道，但是昨天，你们的声音太大了。我的客户在电话那头问我咱们是不是在举行野餐会。如果老板听到这话，他肯定会大发脾气的！希望你能想到这个办公空间是咱们共有的。”

如果办公区里的其他同事对大声谈话也颇有微词，你可以代表大家来说：

“薇薇安，你自己可能没有意识到，但是当你在打电话的时候，你的声音简直能够传遍整个办公室。我觉得你不希望所有人都听到你的私房话吧。”

技巧23 “我不是你的私人接线员！”

你交际广泛的同事会有很多私人电话打到办公室来，而他又经常不在，所以你必须接听那不断响起的电话，最后都快成为他的私人接线员了？如果是这样，你可以通过下面的例子解决这个问题，你可以说：

“山姆，我不介意偶尔帮你接一下电话，但是我现在要完成工作，时间很紧。你的朋友们不断地打来电话，而你又不在座位上。”

如果这位多话的同事回答：

“好吧，你想怎么样？我没法控制他们的！”

你可以回应：

“好吧，实际上你可以的。只要你告诉你的朋友给你家里打电话或者在前台留言就可以了。”

对电话不断响起的同事也可以这样说：

“查理，有人打电话给你，而你又不在位置上的时候，他们就一直打。我要么就得忍受将近1分钟，要么就得停下手头的工作去帮你的朋友留口信。如果你能够告诉你的朋友，如果你没有接听，就只让电话响两三声，然后就挂断，过一会再打或者打到家里的话，我会很感谢你。”

技巧24 “你的雪茄太呛人了！”

吸烟的同事对你的健康来说会是一个隐患。在很多办公室里，你都有权要求同事不要吸烟。而如果你礼貌地提出来，多数同事也会照做。即使“请勿吸烟”不是公司的规定，你也可以说：

“迈克，当你在你的座位上吸烟的时候，烟雾会飘到我这边，让我不停地打喷嚏。你能到休息室或者外面去吸吗？”

如果对方对你的意见嗤之以鼻：

“每次想吸烟的时候，我就忍不住。不吸烟我什么也做不了！我吸烟真的那么影响你吗？”

你可以回答道：

“是的。只要你在咱们办公室点烟，我就必须要离开，这样做直接影响到了我的工作效率。如果你想吸烟时能够去吸烟区，我真的很感谢你。”

技巧25“别再抱怨老板了！”

同事们对老板的抱怨就好像游荡在垃圾场的狗身上的跳蚤一样不稀奇。即使这种抱怨基本都在下级同事中流传，但有些不好的评论还是会不时地传到老板的办公室，这样轻则让你难堪，重则会使你失去升职的机会！不要急于加入抨击老板的队伍，多听听，少开口。不要抱怨，而要多提出改进工作状况的方法。你可以这样说：

“我们的老板肯定有着不同的管理模式，但是抱怨不会让他有什么改变。可能我们能够想出一个更有效地应对老板的策略。”

如果你的同事回答：

“不用费劲了，他不会听任何人的。”

你可以回答：

“可能你是对的，但是可能他会很高兴看到员工们愿意寻找更有效的工作方法。我觉得这没有任何坏处。”

如果你的同事奇怪地看你一眼，说：

“你想干什么？想升职？你知道他上周做什么了？你都不相信，不过……”

你可以打断他：

“打住，肯，如果你不想做些什么去改善情况，抱怨能起什么作用？我觉得这完全是浪费时间和精力。你有什么具体的办法改善情况？”

技巧26“把你的手从我的桌子上拿开！”

你有没有发现有时候重要的手稿、档案或者文件不见了，然后发现不知是哪个没头没脑的同事借走了却没有告诉你？很多员工需要共享计算机中的文件夹、工具或者其他重要物品，但是如果与你共事的人中有人经常拿走你的东西而没有征求你的同意，你可以说：

“斯科特，我实在是很郁闷，因为我费了半个小时的时间找放在我办公桌上的那些客户档案，结果发现在你的桌子上。”

如果同事无所谓地说：

“这些客户档案也不是属于你的，它们属于公司，我需要它们。我从你办公桌上把它们拿走，这又怎么了？”

你可以回答：

“我没觉得和你或者别人共用这些档案有什么问题。但是我要对这些档案负责，我觉得你不经我同意就使用它们有问题。”

如果同事开始与你争论，说：

“好吧，我用完忘记归还了。我不明白你为什么这么小题大做。”

你可以这样回应他：

“那我给你解释一下。当我找它们时，是在花费我的时间做额外的工作。所以，请帮我两个忙。第一，如果你拿走了客户档案，请在我桌子上给我留个条子，或者任何类似的东西。第二，不管你借走什么东西，请在用完后归还给我。”

技巧27“我没法既做自己的工作又做你的!”

你的同事是不是经常过来打断你的工作，求你帮忙。原因可能是他们太懒，不愿意自己干，或者是觉得无法独自胜任这项工作。依赖性很强的同事会榨干你的能量，浪费你的好意，降低你的工作效率。不论他（她）是没有经验、没有能力还是没信心，这种爱求助于人的同事让你觉得自己简直就是一个保姆而不是什么专业人士。这个问题可能会因为你需要做两份工作而变得非常尖锐，而老板还会谴责你不专心于本职工作。

摆脱这种两难境地的方法之一是对你能够帮助对方的程度作出明确的界定。让习惯于依赖别人的同事知道你不会有无限的时间来帮助他，但是你会同情他所面临的问题。还要让他知道的是，最终是他而不是你对这项工作的成功或者失败负责。你可以向这位同事提供支持和鼓励，但是要强调，你不能永远帮他完成任务。你可以以一个热情的微笑开始，叫着对方的名字，说：

“吉尔，我今天早上很忙，所以今天的工作你要独立完成。”

如果同事争辩道：

“你开玩笑啊？我自己可完不成这些工作！我不懂的太多了，而你又很在行。”

你可以回答道：

“我理解，你觉得在新岗位上压力太大了。这很正常，但是你很快就会应对自如的。你做得越多，你就会越熟练。”

如果同事请求道：

“我只知道我会把它搞砸，然后老板就会发现我无法胜任，他会把我踢出去的。求你了，帮帮我，就这一次！求你了。”

你可以这样来设定自己的底线：

“吉尔，我有种挫折感，因为你每隔几分钟就要我帮忙，结果我无法完成自己的工作。如果我能，我会帮助你的，但是你必须学会完成工作所必需的知识。我很抱歉，但是就像我说的，我现在没法帮你。”

如果你想要提供一些帮助或者建议，可以在你力所能及的时候提出。你有三种办法告诉习惯于依赖别人的同事你可以为他（她）做一些事情：

“我午餐后可能有一些时间，可以在你把工作上交给老板之前对你遇到的问题进行一些快速解答。”

“我发现这部分工作很困难。要是我就会每次完成一点，这样做起来就比较简单。如果你在做这项工作时真的有问题，也许你可以请求老板给你进行一下培训。”

“你有没有想过参加一个打字（文字处理、计算机等）培训班让工作更容易一些？我曾经参加过一个……的速成班，它让我的世界完全不一样了。”

技巧28 “我不会为你撒谎的！”

你的同事是不是总会在老板出现时编造谎言或者要你为他为什么没有完成任务打掩护？这些人总是在找“好欺负”的同事把他们从老板的暴怒中解救出来。他们不希望承担自己应该负的责任。这些人不止是在制造问题——他们本身就是问题！如果一个满口胡言的同事要求你帮腔，并帮其圆谎，你要很坚定并简单地说：

“不，向老板撒谎我会不舒服。这个工作对我来说太重要了，我不会冒险做任何愚蠢的事情。”

如果你狡猾的同事努力想要让你帮忙：

“老板不会发现的。另外，你以后也会希望我为你打掩护的。得了，没什么大不了的。”

你要保持坚定：

“你必须自个儿处理这个问题。”

如果你同事继续坚持，就用不断重复的方法，重复你的答案。你可以说：

“我想你没有听清。答案是不。”

技巧29 “你不是我的上司，所以不要指使我！”

你一定会很吃惊，工作场所怎么有那么多盛气凌人的同事！如果你听到这些颐指气使的命令时，你就会联想到部队里的军官：“干这个！去拿那个！快点！我必须要得到那个！”这种专横的同事真的是很无礼，因为他（她）命令你就像是命令下级，但是他（她）并没有这样做的权力。如果你能够直接、冷静地提出不满，你就可以在对方形成错误的权威感之前，阻止他（她）。在开始工作前的几分钟，避开其他同事，你可以这样说：

“蒂娜，可能你在这里工作的时间比我长，但是我不是你的助理。你能让别人给你复印文件吗？”

如果你这位固执己见的同事爆发了：

“好吧，不好意思！我总是要事事自己做，我发现你根本不想帮我做什么。”

你可以回答：

“拜托，我给你解释一下。我能看出来你工作压力很大，我也不介意帮助你。问题是，我们在公司的职位是相同的，我希望能够获得相同的对待，而不是被当做你的助手。”

技巧 **30**“别和我玩你的竞争游戏了！”

你可能遇到过这样的同事，他们把工作场所当做赛场。在这里永远要分出胜利者和失败者。他们总是想和你进行“看看谁最棒”的游戏，哪怕是最琐碎的工作。开始时，这种善意的竞争能为一个无聊员工的枯燥工作提供各种兴奋点，但有时候也会增加工作环境的紧张气氛。

你和同事有没有彼此进行过有攻击性的戏弄或者挖苦？你们两个是不是对各自的商业活动都讳莫如深？在极端情况下你们会不会变得不友善、不合作或者彼此对立？如果这就是与同事的工作关系的真实写照，那么你们需要掌握一些交流技巧以消除可能产生的对立。以下是一些话，表明你想告诉总想着竞争的同事，你不想玩这种输输赢赢的游戏：

“我不想让我的工作变成比赛。我们一起努力做好工作吧。”

你的同事可能还会对你进行挑战，他会说一些“竞争会让每个人都表现出最好的一面”“你害怕失败”之类的话。这时你一定要保持冷静，重复你的话——你不想进行竞争。你可以说：

“我想我没有把情况说清楚。我不在乎谁能最快完成报告。我只想尽我所能完成工作。还有，我觉得竞争不会产生良好的工作关系。”

如果同事这样挑衅：

“为什么不？你害怕什么呢？”

你可以回答：

“这让我觉得不舒服。如果你如此执著于每次都要赢，为什么不调到销售部去？不要总想着击败自己团队里的成员。”

还有更多如何对典型的挑衅进行回应的例子。如果你的同事说：

“我们打100块钱的赌，看看谁能够夺得这个月的销售冠军。”

你可以说：

“我有一个更好的建议。让我们一起为销售额翻倍而努力。这样我们都能够赢！”

如果同事这样说：

“我们都去要求加薪，看谁能够成功。”

你可以说：

“不，我会在我觉得时机最成熟的时候再要求加薪。”

如果同事说：

“竞争会激发出我最好的一面，我喜欢赢的感觉。”

你可以说：

“我不喜欢和我的同事竞争。这会伤害大家的感情。”

如果同事说：

“谁能够赢得琼斯的合同，谁就是最好的销售员。”

你可以说：

“我们都是专业人士，也都擅长做自己的工作。我们不需要向彼此证明任何事情。”

技巧31“我不会读心！”

有没有同事对你声色俱厉，或者无理地批评你？如果是这样，麻烦可能会不断发生，你越早发现你们之间的这个问题越好。同事之间的紧张关系经常是愤怒的间接表现。通过询问正确的问题并主动倾听关键和隐藏原因，你可以找到症结所在并找到有效方案来解决办公室冲突。在同事之间的不友好情绪升级并毁掉你的工作关系之前消除敌对情绪是非常重要的。

在你与同事之间的紧张关系变得不可忍受之前，你可以伸出“橄榄枝”，建议你们两个私下闲谈几分钟。通过采取主动，你可以避免令人难堪的情形。你可以这样说：

“弗朗辛，我们能够单独谈几分钟吗？显然，对于一些事情，你对我有点不快，我对我们之间的关系也感到不舒服。我想说出来，你觉得怎么样？”

如果你坚定的同事不假思索地说：

“我觉得我们没有什么可谈的。”

你可以坚持，说：

“不，我觉得我们确实有些事情要谈谈，因为每当我见到你，总是遭到你的冷眼。说实话，现在和你一起工作让我觉得有点紧张。”

如果你尖酸的同事给你一个冷笑，说：

“哎哟，那可太糟糕了。我不知道你想让我说什么。”

你可以提出问题：

“我知道，很难讨论让你觉得愤怒的事情，但是我们需要共事，因为我们的工作有赖于此。什么时候我们坐下来好好谈谈吧？今晚下班后我们一起喝杯咖啡怎么样？”

当同事同意交谈，就要找一个安静、私密的地方。承认你之前所犯的错误，但是强调你希望能够把双方的关系带回到正轨。你可以说：

“我承认在我刚开始工作的时候有点独断专行。有时候我过于随心所欲。如果我做得过分，我向你道歉。我想有一个新的开始，你觉得怎么样？”

你不用过多解释或者道歉，把你的道歉单独表达出来，即使道歉意味着你们两人之间会产生令人难堪的沉默。同事可能在想你有多大的诚意，他应该如何回应。可能性更大的一种情况是，他（她）可能会表达同样的看法，想要找到更好的交流方式。让你们两个共同协商如何改善你们合作的方式。你可以说：

“我们可以想出一些能够改进共事的方法。我想有一件事情可能会有用，那就是更多地谈论我们所做的工作。每天早上我们碰头对当天的工作计划进行几分钟的讨论以细化细节，看能不能在出现问题之前把事情理顺。”

如果所有这些都失败了，你的同事依然冷着一张脸，你可以实事求是地说：

“如果我们不能一起完成这个工作，我们的损失都会很大——代价可能是我们的工作！我们不用成为好朋友，但是在这一点上，我们必须共同努力，所以我们要尽量和谐相处。”

技巧32 “别在我背后指手画脚！”

在工作场所，流言蜚语也是生活的一部分，不幸成为恶意流言的目标可能会毁了你的事业！阻止一个喜欢搬弄是非的同事需要坚决的话语，比如，“别再传播我的谣言了！”在你面对散布谣言的人之前，要写出你到底想说什么。要简短、有礼貌。找一个可以进行私下谈话的地方，深呼吸，然后和这个麻烦制造者面对面。声音要平静、坚定：

“我很郁闷，因为我听说你在传播关于我的谣言。这对我造成了很大的影响，因为谣言让我的工作很难开展，还威胁到我的职位。不管你怎样想，但是请不要再搬弄我的是非。”

如果喜欢搬弄是非的同事声称自己是清白的：

“我不知道你在说什么。我从没说过你一句坏话！”

面对对于谣言的否认，你可以通过分离谣言和事实来让对方辨明情况。你可以说：

“很感谢你没有说我的坏话。我知道人们在说……不过事实是……”

如果你不想解释任何信息，只是希望谣言散布者明白你的反对，你可以不涉及任何确定信息：

“我知道你一直在搬弄我的是非，因为很多朋友都告诉我了！帮我个忙——请你们在交谈的时候，不要涉及我。”

礼貌地结束这次交谈，并明确表示你可以原谅并忘记同事的无礼行为，但是你希望谣言能够停止。你可以说：

“我希望我们已经澄清误会了。我就是希望保住在这里的工作，并保护我的私生活！你觉得可以吗？”

办公室谣言总是很隐秘、失实并且断章取义。为了避免成为谣言的目标，你最好的防御措施是把私生活留在工作场所以外，迅速、专业地解决你与同事之间的误解和那些悬而未决的问题。

与同事相处时的“要”与“不要”的

- **要**对同事表现出个人的兴趣。
- **不要**对同事搬弄是非或者说坏话。
- **要**与同事建立协作团队，以提高工作效率。
- **不要**与同事竞争，因为这样会产生怨恨情绪。
- **要**努力修补不足并解决突出的问题。
- **不要**想当然地认为与同事的问题会自然地消失。
- **要**向同事们征求意见以提高你的工作效率。
- **不要**当“无所不知”的人。
- **要**称赞同事的才华，欣赏他们的努力工作和出色的点子。
- **不要**放过任何值得帮助且处在危机之中的同事。

第 9 章

平心静气地应对推销员和客户

电话推销员的来电有没有搅了你与某位重要客户的午餐？志愿者有没有缠着你再多捐助一些，尽管你已经给他们的组织签过支票了？你有没有在一个服务很差的餐馆就餐的经历？你有没有犹豫过，要对你的律师、会计或者医生说，你对他们的工作感到很失望？承包商是不是先给你一个报价，多收钱之后又把一个烂摊子扔给你去收拾？顽固的销售人员是不是想要引诱你购买有缺陷的商品？

每个人都要面对来自商业世界的伤害和攻击。可问题是，你怎样告诉推销员及商家你想要的——或不想要的——而不会发脾气？巧妙地交流可以使你保持镇定、引导交谈方向、化解冲突并达到你预期的目的。此外，立场坚定地应对推销员及商家还能提升你的自信！

技巧 33 “我什么也不想买！”

现在是晚上 6:15。你刚坐下来和家人享用温馨的晚餐。当你开始吃

第一口时，电话响了。你担心可能是你的母亲、挚友或者别的什么人出了紧急状况，但是当你拿起电话时传来的却是一个陌生的声音：

“你好，是……先生或者……女士？（他们总是把你的姓念错！）我是电器公司的，我想告诉您在你们社区进行的以旧换新活动，还有一些特价信息。您有兴趣吗？”

在大声说“没有”之后，你砰地挂了电话，怒气冲冲地回到餐桌边，大声责骂着销售人员总是在吃饭时间打来电话。晚餐时的好心情就这样被破坏了。而巧妙的拒绝可以很快结束一次销售电话而又不会破坏你的心情。电话推销员越早发现你没有销售前景，对你们双方来说就越好。不要让对方说话超过10秒钟，你可以礼貌地打断他，说：

“不好意思，我对你说的没兴趣，再见。”

如果这位执著的推销员继续使用强硬推销策略，比如：

“如果您错过了这么好的一个机会，您会感到遗憾的！您只要给我90秒钟，我就可以向您介绍清楚。如果您现在就预约一个关于新护墙板的免费评估，您就能够省下500美元。”

你可以再次打断，说：

“我说了我没有兴趣，而且我也不喜欢有人在晚餐时间打来电话。请把我的名字从电话清单上划掉吧。谢谢。再见。”

然后，轻轻挂上电话的同时想到：这个电话对你生活的影响是非常小的。对于不希望接到的销售电话，还有一种方法结束通话：

“我不希望浪费你我的时间——我没有兴趣。请把我的名字从你们的电话清单上划去。谢谢。再见。”

如果你对他们所提条件有兴趣听下去，但是这个销售电话来得确实不是时候，你可以打断销售员的话说：

“我很抱歉打断你，我现在不方便接电话。我对你说的很有兴趣。请在……给我打电话。那时候，我有几分钟的时间听你说说。谢谢。再见。”

技巧34 “我一分钱也不想多捐了！”

每个慈善机构都需要钱，对于有积极意义的事业我们也不会拒绝。可问题是，你签给最喜欢的慈善机构的支票墨迹还没有干，另一个慈善机构的电话就打了进来。拒绝帮助受伤、无家可归的动物和其他不幸的人是很困难的。可是除非你的资金没有限制，可以给每一个向你募捐的机构捐钱，否则你肯定要面对经济困境。下面是在面对慈善机构的募捐电话时，万无一失的拒绝方式。你可以说：

“我最近刚刚给你们捐了款，目前我只能做到这些了。”

如果志愿者想要让你再多捐一些，她说：

“我知道您在过去的一年里捐了25美元。我们机构要做很多事情。您能不能再捐助50美元？”

你可以回应道：

“我觉得你们组织做的是非常有意义的事情，但是25美元是我能够捐献的上限了。再接再厉，再见。”

对方可能想要通过让你产生内疚感而控制你：

“如果您不帮助我们，很多无辜的动物会继续受苦。您就不能发发善心，送出一个小小的礼物？这真的是一项有意义的事业！”

即使你觉得自己被打动了，也要坚定地说：

“我很抱歉。但是答案是不。再见。”

如果你希望终止某个特定的慈善机构连续不断的要求，可以要求和主管通话，说：

“我不打算再为您的慈善机构继续捐款了。请把我的名字从电话清单上划去。谢谢。”

技巧35 “这食物的味道真是无法接受！”

下面这种让人恼怒的情况你有没有遇到过？你有一个特殊的庆祝之夜，你为自己和同伴在一家昂贵的餐厅进行了预约。让你懊恼不已的是，你们等了45分钟，才在靠近厨房的地方有了位子。更糟糕的是，那面无表情的侍者又花了20分钟的时间才过来招呼你们。当你们的菜终于端上来时，同伴的牛排是焦的而不是要求的半熟，伴碟的四季豆则是冰冷的。

外出就餐应该是一种享受，没有什么比味同嚼蜡的食物、恶劣的服务，而且还要支付不菲的费用更让人窝火的了。可不幸的是，如果你冲着侍者咆哮或者在公共场合发怒，只会让同伴也感到难堪，并由此毁了这个美好的夜晚。

就餐服务很差？找经理！

对服务不满意的顾客是不会再回到这里就餐的，也不会向别人推荐这家餐馆。挽救一次无法让客人接受的晚餐会提升餐馆的声誉，顾客们知道，餐厅的管理人员会珍惜顾客并看重这个行业的。

处理让人难以下咽的食物和恶劣的服务还是有办法的。在此，我要重申的是沟通技巧和坚定的态度是解决问题而又不产生让人难堪情况的两大法宝。要立刻找负责这个餐桌的侍者，如果他（她）不在，要礼貌地请其他侍者或者在餐厅工作的其他人转达一下：

“抱歉，但是能不能请负责我们这桌的侍者立刻过来一下？我们这桌的食物有点问题……谢谢。”

当你的侍者出现后，你可以简单地说：

“我们这桌的食物有点问题。我点的是……上的菜不是我们要的。请换成我们点的菜。谢谢。”

如果侍者和你争论：

“您点的肉，要求是全熟的，不是半熟。这个我不会搞错，相信我。”

不要和侍者在这方面耗费口舌。立刻礼貌地要求找经理过来。当经理过来时，可以说：

“我想你和你们的厨师应该知道把菜做错了或者上错了会有什么

结果。我已经尽力和服务员做了沟通，但好像他并不理解。请你告诉一下厨师：我们的牛排要的是半熟而不是全熟，谢谢。”

一位聪明的经理会立刻改正这个错误，并向侍者示范如何应对顾客对食物不满意的情况。如果经理也帮不上忙，你可以说：

“我不会再到你们这吃饭了。”

技巧36 “你弄坏的——你来修”

在付了一大笔维修费用给汽车经销商后，客户就要应对这种“羞辱”：汽修工没有挪开引擎上的工具，就“嘭”地盖上前盖，结果前盖上鼓出了一个大包。当顾客抱怨，并要求维修商免费把这个大包弄平时，汽修工说这只是个小毛病，没必要修整。对谁来说没有必要休整？如果你遇到了这样的汽车维修服务，你可以找经理，告诉他：

“我的车在送到你这里维修引擎的时候，在你的车库里受到了损坏。我希望你能把这个大包给我免费敲平。”

如果经理想抹掉你的损失，你可以说：

“也许你觉得这没有什么，但我就是希望能够把前盖上的这个鼓包敲平。”

如果经理辩解说，老板知道了会惩罚他，你可以说：

“你老板的事情不是我要担心的问题。我的汽车前盖在你管理的修理厂里遭到损坏。我希望这个损伤能尽快被修复，费用当然得由你们负责。如果你们不想处理，请告诉我该向谁反映这个问题。”

如果经理向你承诺下次维修给你打折，你可以这样回应：

“我很感谢您的好意，但没有这个必要。我希望这个鼓包马上能处理好。如果你觉得不能为我修好这个损伤，我会打电话给消费者协会和你们公司的总裁，投诉这件事情。”

技巧 37 “我想要回我的钱！”

每个人都有这种经历：兴冲冲买了一件商品，回到家才发现商品的重要部件不见了、结构完全不对或者不能使用。花费时间退货就够让人恼火的了，如果碰上一个拒绝承认商品有问题的销售员，就更超出大多数人的忍受范围了。

不管是不能运转的电子设备，还是一件编织质量粗糙的毛衣，或者是一盒变酸了的牛奶，你的退货策略都是一样的。作为消费者，花了钱，就有权获得相应的服务。如果你不满意，就有权要求退款。要有理、有力、有节。如果有必要，就使用不断重复的技巧，直到对方同意为止。比如，如果你买了一台电视，但是它没法正常工作，你可以这样对销售人员说：

“我昨天在这儿买了一台电视，但是它无法正常工作。我想换一台。”

如果销售人员建议由他们的维修部门来解决这个问题，你可以说：

“我想你们的维修部门工作会很出色，但是重点不在这里。我昨天买的这台电视，是希望它能够正常工作。我对修不修这台电视不感兴趣。我想要的是一台能够正常工作的电视。”

如何要求退款

如果销售人员想说服你不要退款，可以应用以下策略。

你可以说：

“我在您这家门店买的这台电视，现在不能正常工作，所以我要求退款。”

如果销售人员说：

“我们可以修好这台电视的，我会让人把该换的换好，它会和新的一样。您明天就可以来提走。”

你可以这样回应：

“我不关心这台电视能不能修。我希望退款。我可以和门店经理谈谈吗?”

如果销售人员说：

“经理现在很忙。这点小问题我可以帮您解决。”

你可以回应：

“我知道经理现在很忙，我也很忙。您能够帮我退款吗？如果不行，我想和经理谈谈，他（她）姓什么?”

你可以这样和经理说：

“我昨天在您这家门店买了这台电视，我发现它不能正常工作。我没看到‘恕不退款’的标志，所以，能不能把钱退给我?”

如果经理说：

“这台电视我们没法退给厂家。我们可以给您修这台电视，换一台也可以。这样吧，我想到一个主意！我们有一台30英寸彩色平板样机在打折销售，我在原来的折扣基础上，再给您10%的折扣！我想这样的优惠，您很难拒绝吧?”

你可以说：

"您与厂家之间的协议和我没有关系。我也不想要另一台电视。我就是想要全额退款。要么，您给我退款；要么我和公司的老总谈谈，或者通知消费者协会。"

技巧38 "我想要的是一项完美的工作!"

你觉得你花钱雇了最好的工人来为你修复浴室破损的墙面。但是当这位所谓的"专家"完工时，结果根本不是你所期待的那样，接下来是让人筋疲力尽的客户服务，水平低下的手艺成了填不满的无底洞和你抱怨的源泉。在你付了专业水准的价钱之后，没有理由获得一个门外汉水平的结果。

为了能够保证承包商的施工质量，首先要讨论的是，要做的工作是什么、这项工作由谁来负责以及何时完成。要从这项工程一开始就为其设定较高的质量标准，然后定期对工程质量进行检查。我这里有一些例子就是针对将要开工的项目如何定下基调和质量标准的。你可以说:

"在你开始工作以前，我们需要把你的施工计划和完工日期落实到纸面上。"

如果承包商说:

"没有这个必要。我知道该怎么做。"

你可以回答:

"你肯定知道做什么，但我只是想双方明确要做什么、耗费多长时间、费用多少以及我对你的工作有什么样的期望。我不希望弄成一个烂尾工程或者一团糟，最后让我来收拾。同样，如果你遇到了一些会使我们的协议出现变数的问题，我希望你能立刻告诉我。"

工程开始后，要经常查看一下，并说:

“进展得怎么样？有没有什么问题？工程进行得还顺利吧？”

如果你发现工人忽略了一个问题，你可以说：

“这个问题你该怎么处理？”

如果他回避这个问题，你可以说：

“你可能觉得这个问题没什么大不了的，但是我觉得很重要，而且我希望这个问题受到重视。我不想让这个问题留到最后，因为那个时候就晚了。那么，你觉得你会怎样处理这个问题？”

还有另一种方法监督承包商而又不让他觉得你在指手画脚的方法。你可以问：

“你不介意我随便看看吧？我想了解一下……是如何安装的。”

在大多数情况下，专业的承包商都不介意你观察他们的工作情况，你可以想待多久就待多久，只要不妨碍他们或者问多余问题就可以。

技巧39“这项工作如果没有按照我的要求完成，我是不会付钱的！”

有多少次，傲慢的装修承包商向你保证过完美的工程，可结果却是在他们和你进行验收结算的时候，你才发现这项工程就是整体上一团糟、细节上漏洞百出！为了避免这种情况的发生，要让承包商签署有确切日期的书面合同。合同的内容包括：应该完成什么样的工作、必须使用全新的材料、承包商要负责清理并运走垃圾、施工质量和材料都必须保证有规定的使用年限等。

如果没有书面协议，你可能要陷入到底哪些工作是双方认可的争论。因为承包商们习惯了这种既成事实情况下的谈判，他们经常能够让无知的客户妥协或者支付更多的费用。书面的合同可以使承包商们为了获得全款而完成已经达成协议的工作。以下是一些当承包商觉得工作已经完成，而你有不同看法时的应对方法。你可以说：

“在我给钱以前，我想确认一下你是否已经完成了我们已经达成协议的工作。”

在你检查工作之后，把没有达到你们协议中规定质量的地方记录下来，然后把这张单子交给承包商，说：

“你的施工结果看上去很好，但是还有一些细节和清理工作需要完成。在你完成之后，我会付清款项的。”

如果承包商抱怨说：

“听着，这项工作的工期已经比我预期的要长了。我今天下午就要开始另一项工作。你能不能先把工钱付给我，我明天会来处理这些收尾工作。”

你可以这样回应：

“我知道你想拿到工钱，这样你才能继续下一项工作。但是根据我们的合同，工作还没有结束。我得等你的工作做完之后再付工钱，这样才比较公平。”

技巧 40 “你的建议彻头彻尾的错了！”

你有没有遇到过这样的情况，你的财务顾问告诉你：你会有 1000 美元的收入退税，但是不但没有收到支票，还收到了税务机关的一封信，说你还欠他们 1500 美元的税，外加巨额罚款！当你从震惊中清醒过来后，只能给财务顾问打电话，冲着她怒吼？

每个人都会不时地收到低水平或者错误的专业建议。在你威胁要起诉你的医生、律师或者财务顾问之前，要想到，即使是训练有素的专业人士也会犯错。应对有点夸夸其谈或者观点与你相左的专业人士的最有效策略就是保持冷静，提高自己的专业素养，并找机会改正错误。你可以用很多方法应对各种专业人士。

对你的会计：

“我知道每个人都希望你是完美的，但你好像在我退税问题方面犯了个严重的错误。对此我很不高兴，但是我想你会改正的。”

对你的医生：

“我想你的建议肯定是好的，但是你对我用药方面的建议让我觉得很不好。有一种药让我觉得恶心，而另一种药则让我觉得好像喝了5杯咖啡而无法入睡。我想重新评估一下我的用药情况，这样我就不会每天吃那么多药丸了。”

对你的财务顾问：

“我理解为什么你有时不能准确预测市场的变化，但是你让我买股票的那家公司刚刚申请了破产！我跟你说过我想改变过于冒险的投资模式。你能帮我吗？还是我应该向别人寻求帮助？”

技巧41“给钱，要不然……”

你的客户或者租户有没有经常拖欠你的费用？这种拖欠对小型企业来讲可能是致命的，或许会抵消你的租赁利润，而很多人还是不愿意因为账款逾期而对欠款方施加压力，他们觉得这样才能保持良好的关系。没错，支票可能会在邮递、会计部门工作失误的时候丢失。但不管没有付款的原因是什么，你越早摊牌，你就越有可能拿到你的钱。等待得越久，也就越难把钱收回来。

如果你事先为任何将要形成的商业协议设定财务条款，你就不会面对那么多让人头疼的情况以及那些没有成效的交谈。比如如果你出租了一套房子，一定要大声、多次重复租约中的条款。你可以说：

“我只是想确认，你完全理解了租约中所写的全部条款。要在……前交租金，还要交……的押金。没有问题吧？”

在其他的商业情况下，如果账款晚了10天，你可以给“健忘”的客户寄一张简短的提醒函。这种方法可以避免紧张的交谈，也不用花电话费。如果你的提醒没有起到作用，你就需要给能够负责的人打电话了，冷静、简短地说出问题，但永远不要威胁别人。我有几个例子可以供读者参考：

“我打电话是因为我还没有收到你的支票。好像出问题了？”

如果对方回答说：

“很抱歉，但是我们的薪水发晚了，因为我们部门走了不少人，而我是唯一留下的。”

你可以说：

“你肯定是超负荷工作、人手不足，但是我需要你把……美元的支票寄给我。大约什么时候可以寄到？”

如果对方想要拖延：

“我们现在现金有点问题。我们会尽快把支票寄给你的。”

你可以回答道：

“我理解，现金流确实是个问题。但是我也要支付我的账单。你的欠款已经逾期了，我不能再这样拖延继续下去了。我什么时候能够拿到你的支票？”

作为最后一招，你可能不得不给他一个“隐性威胁”。比如：

“你们必须付给我钱，没有什么可商量的。如果有必要，我会采取进一步的措施，但我并不想那样做。为什么你们就不能立刻给我签一张支票呢？这样一切问题就可以解决了，还可以节省咱们很多时间，避免一大堆不必要的麻烦。你觉得怎么样？”

你的坚持会刺激对方行动

你的持之以恒证明了你不会放弃，你要得到应有的客户服务或者应得的款项。你可能需要为了得到满意结果而进行几次态度明确的交谈，但是如果你坚持，你总能够得到你想要的。留下书面的交谈日期、交谈方的姓名、每次交谈的摘要记录是明智之举。如果有必要，联系商业促进局、该公司的老板、当地的媒体、消费者权益组织或者小型合议庭，然后就可以用详细的事实证明自己的情况。

在商业环境下交谈的“要”和“不要”

- **要**保持冷静和礼貌。
- **不要**让自己的情绪失去控制、变得有攻击性或者发出某种威胁。
- **要**和能够解决你问题的人进行交谈。
- **不要**向无法解决你问题的人重复问题。
- **要**了解并行使你作为消费者的权利。
- **不要**让业务人员把他（她）的需求置于你的需求之上。
- **要**说你很希望问题得到解决，如果有必要，可以重复多遍。
- **不要**被无关的问题、解释或者借口分散注意力。
- **要**对你所有的商业沟通做详细的记录。
- **不要**因为受到威胁而放弃你的诉求、接受不合标准的客户服务，或者接受低于你的预期的款项。

SPEAKING YOUR MIND
IN 101 DIFFICULT SITUATIONS

第3部分 私人交往中游刃有余的秘诀

第 10 章

朋友之间也要有分寸

最持久的友谊建立在信任的基础上，并且需要时间的考验。可是，如果不假思索地提出自己的想法、观点——即使都是出于最美好的意愿——也会迅速毁掉哪怕是最深厚的友谊。你需要在开诚布公地表达自己的看法和委婉地提出建议之间找到微妙的平衡，并且平静地接受朋友作出的决定。下面是一些日常情况下可能在两个朋友之间出现的问题，以及你如何巧妙地应对的示例。

技巧 **42** “别再提起这个话题了！”

有的人就是喜欢听到自己的声音。如果你的朋友喜欢没完没了地胡扯，首先你要试着提醒他——他说得太多了。你可以说：

“你今天早上喝了多少杯咖啡？你说话就像连珠炮一样！”

“你叽叽咕咕地足足说了 10 分钟！休息一下。另外，告诉你一些让我非常兴奋的事情！”

如果朋友在对你发表什么长篇大论，你需要更加直接一点。用平静的语调叫他的名字，以引起对方的注意，然后你可以说：

“爱丽丝，我不希望你再见缝插针地说话了！我想说点事情。你不介意换我来说话吧？”

“托尼，我理解你因为……而沮丧，但是请让我说点事情，好吗？”

“格雷斯，你能停一下吗？我发现你一直不停地说啊说啊的，而不想听听我说什么。我现在能说吗？”

如何让“话匣子”停下来

人们在紧张、对沉默感到不舒服、希望用自己渊博的知识给你留下印象的时候会不停地说话。下面介绍一种让你的“话匣子”朋友停下来的3步方法。

第1步：用两三个只需要一两个词就能回答的封闭式问题打断对方。这样可以打断他的话，并让他知道，你一直在倾听，但是现在你有话想说：

“你几点到那个晚会的？”

“有谁参加了晚会？”

“你有没有遇到什么有趣的人？”

第2步：在朋友回答了你的问题之后，立刻开始发言，并和大家分享你的相关经历。如果你不马上开始，那个“话匣子”就会接着刚才被你打断的话题继续滔滔不绝了！你可以说：

“说到遇到人，我在公园遛狗的时候遇到了一个有趣的家伙。他的狗直接朝我的狗冲了过来，结果我们就聊上了。后来我们发现我们居然都在……上课。”

第3步：别让“话匣子”打搅你。你可以说：

“等等，别打断我，我还没说完呢！”

技巧43 “我把你的东西弄坏了”

当你弄坏了朋友借给你的一把工具、一台相机或者其他东西时，你要怎么说？第一个反应可能是否认这是自己的错，把损坏的范围轻描淡写或者把损坏的东西价值最小化。但是这种反应，可能会让朋友很不高兴。

巧妙地将你借的东西的损坏情况告诉朋友的方法就是不添油加醋也不轻描淡写地客观解释所发生的事情。然后承担责任，进行道歉，并尽自己所能改正错误。下面是3个如何为损坏了某人的财产而承担责任的例子：

“杰伊，关于你的车，我有坏消息告诉你。右尾灯被我撞碎了，不过我会出钱把它修好。在你的车送去修理的时候，维修公司会给你租一

辆车。出了这种事，我很抱歉。”

“玛丽亚，今天我没法把你的皮夹克还给你，因为袖子被钉子刮破了。不过，我想我可以找位裁缝把它修补好。我知道这是你最喜欢的夹克，很抱歉。裁缝向我保证你绝对不会发现修补过的痕迹。我希望你不要不高兴。我真的非常抱歉。”

“爸，您借给我的电锯出了点问题。不知怎么回事，发动机就是启动不起来。我知道您需要一把锯干活，所以我给您买了一把新的，我还会试试能不能把旧的修好。”

技巧44 “我不想听你的问题”

你有没有一个总喜欢向你诉说自己生活中各种问题的朋友？尽管人们说好朋友就应该是最贴心的听众，但即使是最好的朋友不断重复地说起他（她）的爱情、生活、工作或者家人时，也可能会让你厌烦之极或走神儿不已。

怎样告诉朋友你已经听够了他（她）的故事，而又不会显得自己冷酷无情或者漠不关心呢？首先，通过认同你朋友的感受并表达同情。然后告诉对方你对他（她）找到解决办法的能力有信心，并表示支持。然后加上一句，你并没有什么好的办法，而后巧妙地转换一个更积极、有趣的话题。下面是一些巧妙转换话题的例子：

“我看得出，你的工作给你造成了很大的麻烦。希望我能够知道该告诉你些什么，但是我不知道。我肯定你会解决这个问题的。换个话题吧，我一直想告诉你关于……”

“听到你的感情生活一团糟，我很抱歉。但是除了说‘如果你不幸福，就做出改变’之外，我不知道还能说些什么。说到改变，我一直想告诉你的是……”

如果你的朋友一直沉溺于他（她）的问题，你可能需要更加直接地、用一种理解但是坚定的口吻说：

“我为你感到难过，但是我们好像进行这样的谈话很多次了。我们谈些别的，你不介意吧？”

技巧45 “你需要专业的帮助”

你有没有这样的朋友，他（她）处理个人问题总是非常困难？你的朋友是不是经常会哭着给你打电话，请求你的建议和支持。但是依然会麻痹地、无力地一次又一次地犯同样的错误？人在什么时候需要专业的帮助呢？多数心理健康专业人士都认为，每个人都会犯错误，但是当他们不断犯同样的错误时，就需要专业的帮助。

你怎样才能建议朋友寻求专业机构的帮助，而又不会被朋友认为是你看不起他或者在批评他呢？如果你把建议用问题的形式，特别是当他（她）向你征求建议的时候提出来时，朋友可能更容易接受。不要因为其过去犯的错误而批评他（她），不要只是建议某种特定的解决办法。首先，重复一下朋友的处境，表明你仔细听了，然后提出一个温和的问题。下面是一些例子：

“听上去好像你非常有挫败感，而且被你所有的问题压垮了。你有没有想过寻求一些专业的帮助来解决这些问题呢？”

“显然……让你感觉很失败，为什么不去找个咨询顾问和治疗师谈谈呢？这些人能够给你一些专业的建议。这样做可能会有很大帮助。另外，现在你还能失去什么呢？”

如果你的朋友心存疑虑，说：

“哦，我不知道。跟治疗师谈谈的想法让我感觉紧张。你永远不会知道一个心理医生会问什么问题或者会发现什么！还有，我不想让一个陌生人告诉我该怎么做。”

你可以回答：

“我同意，作出决定有时候是有点吓人，但是好的治疗师会给你反馈并帮助你自己作出决定。我认识一个治疗师，你可能会喜欢。为什么不给她打个电话，听听她怎么说？”

技巧46“我想搬出去住”

你最好的朋友有没有要求和你同住，而你当时觉得是个好主意就同意了？可是现在，你发现你们的生活方式太不相同了，你改主意了。你该怎么告诉你的室友，为了保住你们的友谊，你要搬出去呢？下面的话可以帮你提起这个话题：

“鲍勃，我要跟你谈谈。你能把音响关一会儿吗？这样我们才能听见彼此说的话。”

如果朋友说：

“什么？声音太大了？嘿，这曲子很了不起吧？我请了几个筒子过来。聚会时间到了！”

你可以说：

“听着，鲍勃，这就是我想告诉你的。我决定再找个地方住。这跟你个人无关，毕竟你是我最好的朋友。只是你这样大声地放着音乐，朋友们总是来来往往，让我没法学习。”

如果朋友说：

“哦，得了吧，你只是不高兴我总是把脏盘子扔在池子里。”

你可以说：

“好吧，我不喜欢跟在你后面收拾，这是一个问题。但是，我们的生活方式真的是太不一样了。你喜欢叫外卖，而我负担不起。你喜欢整晚办聚会，可我还要学习而且要早起去上课。我担心如果我们还住在一起，会伤害我们的友谊，我不想让这样的事情发生。我已经计划下个月底搬出去，这样你也有时间再找一个室友。不过，你依然是我最好的朋友。”

技巧47“我说漏嘴了！”

朋友为彼此的隐私保密，使得他们之间的信任和友谊不断加深。向别人透露朋友的隐私会打破这种信任，而如果朋友发现了，将会对友谊产生极大的伤害。可如果你不小心说漏了嘴，透露了朋友的隐私，结果会怎么样呢？你是应该假装没事发生还是应该向朋友坦承自己的鲁莽？如果朋友从第三方那里发现是你泄露了他的隐私，就要做好迅速结束你们友谊的准备了。

从另一方面来讲，如果你解释清楚你只是无心之过或者是判断上的失误，朋友可能会原谅你。不论你的朋友反应如何，都要准备好面对愤怒，并努力帮助他冷静下来。这样做很困难，但你还是应该试试：

“我确实做了一些很愚蠢的事情，后果可能让你抓狂。我不小心告诉……你……的事情。”

如果你的朋友发了脾气，说：

“我没法相信你和你的大嘴巴了！特别是你答应过为我保守这个秘密！！”

你可以回应道：

“我知道你很生气。你说过不要告诉任何人，而我搞砸了。我想亲自告诉你，这样你不会觉得我故意在背后八卦你。如果你以后再也不想理我了，我能理解，但是我真的很抱歉，而且我感觉很糟糕。我希望你能够原谅我，因为我还想和你做朋友。”

技巧48 “我很生气！因为你伤害了我的感情！”

还记得上次朋友如何伤害了你的感情或者让你抓狂吗？他（她）可能说了一些很伤人或者揭你隐私的话。当这种事情发生的时候，你能做的事情就是摊到桌面上谈。毕竟你的朋友不可能完全了解你的想法，所以让朋友知道他（她）怎样冒犯了你就要完全靠你自己了。在你提到这个话题的时候，脑海中要时刻想着以下几个重点。

你的朋友可能：

- 完全没有意识到你的感情受到了伤害。
- 觉得他（她）的言行并没有伤害到你。
- 觉得因为你们是朋友，你会原谅他（她）考虑不周或者不当的行为。

你的朋友听到你说自己受到伤害或冒犯时，可能会很尴尬。但是，如果你能冷静、直接地提出问题，声音要自信，这时，你们的友谊可能会更牢固。

你需要这么说：

“我想让你知道的是，当你……时，真的伤害了我的感情。”

如果你朋友说：

“等等，等等！你为什么那么情绪低落？我什么也没做！再说了，我说……完全是在开玩笑。”

你可以说：

“可能你没有意识到，但是当你在我不认识的人面前不断用……开我的玩笑时，让我心里不舒服，还有点生气。我开始有点怀疑，你那样说的时候，是不是就是那个意思。你是吗？”

如果你的朋友说：

“当然不是那个意思。我只想找点乐子，就那样。真的，我实在是不知道我那种行为让你不高兴了。”

你可以回应道：

“我没觉得你真的是那个意思，所以我让你停下来。我不希望这件事情闹大了，但是我真的不想成为你玩笑的素材。好吗？”

技巧49 “我很高兴你离婚了”

如果一个朋友经过多年的不幸婚姻后，终于决定离婚了，你会说什么？你会高兴得跳起来？数落他（她）前配偶的不是？还是问东问西以满足自己的好奇心？

考虑到你的朋友可能会有一些情绪，从如释重负到痛不欲生，所以你最好保留自己的看法，当一个好的听众，让他（她）完成大部分的谈话。在这种情况下，闭口不言是避免发表一些莽撞言论并使朋友难堪的最佳策略。

以下是一些不能说的事情：

“大家都认为你们是天生一对。发生什么事情了？”

“我就知道你们的婚姻长不了。但是你为什么一开始要和那个浑蛋结婚呢？”

“你的婚姻能够持续这么久，这倒让我很吃惊。”

“我很好奇你要花费多长时间才恢复理智。”

“谁提出的离婚？”

“你爱上别人了？”

“对这件事情，你家人怎么说？”

对一个刚刚离婚的朋友，你能说的最有安慰效果的话语是什么？由于祝贺和怜悯都不合适，你可以简单地说：

“听到这样的结果，我很遗憾。”

“离婚是件很艰难的事情，但是你会没事的，你会挺过来的。”

“现在你感觉怎么样？”

技巧50“我在和你前男友（前女友）交往”

还能有什么比约会朋友的前配偶或者恋人对友谊产生的威胁更大呢？在你介入这种复杂情况之前，先考虑以下这些重点：

- 他们的分手是双方的选择，还是一方抛弃了另一方？
- 他们双方是否经过足够长的时间适应各自的生活？
- 你的朋友是否开始了新的关系？
- 你朋友对他（她）过去的关系是如何看待的？
- 你朋友对之前的关系感到愤怒或者痛苦吗？
- 你的朋友还希望破镜重圆吗？
- 朋友的前任是否愿意与你交往？
- 你觉得朋友会对你约会他（她）的前任有什么反应？
- 你是否愿意冒着失去友谊的危险与这个人开始交往？

与朋友的前任开始交往并不是一件容易的事情，它可能会轻易地毁掉你们的友谊，而且无法挽回。如果你尚未开始这段感情，你可以和朋友提起这个话题看看他（她）是什么反应。仔细听并观察你朋友的反应。他（她）可能会说：“没问题，我为什么要担心？我只是对这个主意感到不舒服罢了。”以下是两种例子供你借鉴：

“李，我一直想知道，如果我约珍妮出去约会，你会有什么看法。我知道你们上个月分手了，如果我这样做让你觉得不舒服，我不会邀请她。我们的友谊对我来说很重要，我不想伤害你。”

“乔迪，你前男友约我出去。既然你们已经分手了，而你也在和其他人约会，我想知道你是不是反对我和他约会。他人看起来不错，可如果你觉得不合适，我会拒绝他。”

如果你已经开始了约会，并希望告诉朋友你已经与他（她）的前任坠入情网，你可以说：

“南希，在你从别人那里知道之前，我想告诉你些事情。我和哈利已经约会了大约一个月的时间，我们真的很喜欢对方。你是我最好的朋友，我不希望做任何伤害你的事情，但是我不知道你发现这件事情的时候会有什么反应。我知道你和哈利离婚已经是去年的事情了，我和他约会不会让你感到不快的，我说的没错吧？”

技巧51“我想和你约会”

有没有觉得和一位朋友或者熟人约会很困难？为了帮助你克服被拒绝的恐惧，首先要利用一些非正式的邀请，大家在一起消磨时间从而了解双方如何反应。你可以说一些：

“简，我们在你姐姐的婚礼上相处得很愉快。找个时间，我们一起去跳舞怎么样？”

“杰克，我想和你去打网球。有没有兴趣带我一起去？”

“苏珊，如果你下班后没有其他的事情，想不想和我一起吃饭看电影？”

如果对方对你提议的回应是积极的，那么他（她）接受你正式约会的机会就会大大增加。一般来说，你约会的建议越明确，对方热情接受邀请的可能性也就越大；或者彬彬有礼的拒绝之下还有在更方便的时候进行约会的可能。下面是一些邀请对方约会的例子：

“周四晚上球赛（戏剧、音乐会等）的票，我多了一张。如果你能和我一起去，我会很高兴的。然后我们可以找个地方吃点东西。想起来挺有意思的！”

“你说过你喜欢有民族特色的食物，我想下周五晚上带你去一家很棒的意大利餐馆——就这样，如果你不忙的话。”

“下周日，我们登山俱乐部会有一次半天的登山活动。那些人都很友好，客人会受到热烈欢迎。你和我一起去好吗？我想你会喜欢的。”

如何温柔地拒绝

拒绝约会邀请的情况不外乎以下两个中的一个：礼貌地拒绝，没有进一步的鼓励；“不”后面还有下一次约会邀请时可能的“好吧”。

我这里有一些温柔拒绝的例子可以告诉对方“也许下次可以一起出去”：

“不好意思，我这周五晚上很忙，但是我很想和你下周出去。”

“下班后再看一场电影经常让我觉得很累，不过我们可以一起喝杯咖啡然后找个地方吃点东西。”

“我很想和你一起去参加活动，但我周六已经有安排了。不过我真的很想去，所以也许下次可以吧。”

如果你不想和某人出去，不要编造理由，直截了当地说出来就好。要友好，但是语气要坚定：

“我真的没什么兴趣，但还是要谢谢你的邀请。”

对于拒绝要大度地接受。受到三次拒绝就是很好的暗示：对方不想和你出去，以后也就不用再问了。同样的，记住，对方拒绝你的约会也不意味着世界末日来了，再找一个更愿意花时间和你在一起的人就是了。

你可以说：

“没关系。我只是觉得我应该问问你。”

技巧52“我不想和你只做朋友”

友谊中最微妙的一种情形，可能就是一个人希望把纯友谊转变成爱情。让朋友知道你的感受，既不会让自己看上去很傻，同时又不会使朋友感到难堪，你能说些什么呢？如果朋友也有这样的想法，你怎样才能知道呢？爱上朋友到底是不是好主意呢？这样做的风险在哪里？

把友情变成爱情有几项风险。如果你的冒险成功了，你就会拥有世界上最好的东西——一个朋友，同时也是你的爱人。而另一种情况则是，如果你与朋友的爱情不能够成功，你们的友谊可能会受损并需要一些时间恢复，甚至会形同陌路。

在你准备与朋友投入爱情的怀抱之前，要诚实地问自己：你们两个是不是有共同的兴趣爱好、价值观和让爱情关系持续的共同目标。如果答案是否定的，那么你最好让友谊保持现状。如果你觉得有产生爱情的可能，就要把自己的真心话说出来，比如：

"我已经和别人约会一年多了，但也许你也知道一些，我更想和你而不是别人在一起。我想我说的意思是，我喜欢你超过了朋友的程度。"

"我知道这听起来有点好笑，我们是朋友，可我觉得对你的感觉比其他任何人都亲近。我真的很喜欢你——我的意思是不仅仅是朋友那样的喜欢。"

"我不知道该怎么说，但我对你的感觉在过去的几个月里发生了变化。我希望我们不仅仅是朋友。"

如何应对拒绝

尽管你的情绪可能溢于言表，你充满爱意的表白换来的结果可能是朋友的大惊失色并由此引发的消极回应。如果真的是这样，不要迫使朋友说或者做任何他（她）没有准备的事情。也就是说，如果你的朋友拒绝了你的爱情表白，大度地接受这个结果，说：

"我不是想要让你难堪或者让你面临这样的困境。我只是想告诉你我的感受，因为我希望你也能有同样的感觉。我理解你对我没有那种感觉，我也接受这种结果。不过如果你改变了想法，请一定让我知道。"

对第一次约会的建议

- 表现你的幽默感，以及你希望获得的乐趣。
- 计划一次非正式的活动，可以使你们彼此有所了解。
- 发现对方喜欢些什么，有什么兴趣。
- 对新事物要持包容的态度。
- 谈论轻松、愉悦的话题。
- 不要太急于发生身体接触。
- 如果你有一个好时机，别犹豫把约会对象的胳膊放在你的臂弯里，在晚上约会结束的时候告诉对方你很享受你们在一起的时光。对约会对象报以热情的微笑和深深的注视，然后拥抱一下以及来一个吻别。
- 如果你对于和他（她）约会不感兴趣，一个微笑以及一句有礼貌的谢谢就足够了。
- 如果你希望再次和他（她）出去，稍后就可以打电话约定下一次的见面。

第 11 章

恋人之间要开诚布公

对于很多年轻人来说，约会是一种令人激动的寻找伴侣的仪式。而对那些离婚、寡居或者单身人士来说，约会是让人抓狂而且可怕的经历，他们不明白，关于前配偶的长长独白，从前失败的关系或者错误的“事业第一”观念是无法吸引住你未来的伴侣的——至少在恋爱关系的早期阶段，这样做不会取得任何效果。

无论你还是个刚刚开始约会的新手或者是个重回单身行列的“老兵”，以下是一些对寻找伴侣的人来说最难以开口的话，但是你要明智地说出来。

技巧 53 “我想知道你是否愿意开始这段感情”

不要因为你单身就假设所有人都是单身，想象和你约会的人也没有订婚。没有戴结婚戒指也不意味着一个人是单身。如果你和某人已经约会了几次，了解他（她）是否可以开始这段关系或者是否要和你认真交往是非常明智的选择。

尽管提起这个“实质性”的话题可能会有些难堪，但还是要尽快开诚布公地沟通这个至关重要的话题。最理想的结果是你们两个都没有订婚，并且能够经常地见面——如果你们都决定如此。以下是一些提出对方是否有自由追求更进一步关系的明智的提问。你可以采取简单的方法，问：

“请原谅我的直率，但是我想知道你是否结婚了或和某人住在一起？”

“你有没有固定的男朋友（女朋友）？”

“你约会过很多次吗？”

“你生命中有没有什么特别的人？”

以下是一些你让对方知道你没有订婚或者可以交往的回答方式：

“我交往过一些人，但是现在，我生命中的那个特别的人还没有出现。你呢？你有没遇见那个特别的人？”

“我得到了一些教训，我又回到了单身大军中来。我和不同的人约会过，但你是第一个让我觉得在一起的时间是一种享受的人。”

“我离婚两年了，我觉得我已经准备好重新开始和其他人享受人生的乐趣了。”

“我真的很喜欢和你一起出去，我希望我们可以一直见面。”

技巧54 “我毁了我们的约会”

取消约会是最让人恼怒的一件事了，如果发生了两次以上，就是彻底的无礼行为，也可能成为对方对保持约会关系毫无兴趣的间接信号。无力、愚蠢的借口对关系的恶化没有任何缓解作用，还常会给刚刚开始的关系造成永久性的伤害。但是人算不如天算，有时候你不得不取消某次约会，以下就是一些你可以遵守的基本原则。

- 在取消约会之前，要尽早打电话给对方。
- 不要编造一个“大谎言”，比如你突然被派出城或者要送一个生病的朋友去医院。
- 说一些情况超出你的控制范围之类的话，并把这作为你爽约的理由。比如，你的老板需要一个“救火队员”或者你的亲戚忘记告诉你有一个家庭生日聚会。
- 永远不要随后做一个更有趣的提议。
- 要真诚地道歉，并承认自己给对方造成了不便。
- 迅速建议一个不久以后约会的新日期和时间。

以下是一些留在应答机上的愚蠢借口的例子：

“贝蒂，一个新客户刚刚请我参加他今天的晚宴，所以我不得不取消我们今晚的约会。反正我们什么时候出去都可以，我会晚些给你打电话，我们再约。”

而这个则是一个借口巧妙的例子：

“弗兰克，我很抱歉，但是我周四没法和你出去吃晚饭了。我的老板刚刚让我参加一个晚间紧急客户会议，我肯定要忙到很晚了。我很抱歉取消这次约会，但是我一发现安排有冲突就马上给你打电话了。我们周五晚上一起吃饭怎么样？如果你很忙，我能理解，不过我希望我们能够很快见面。”

技巧55 “我们做爱吧！”

如果你想和你的约会对象发生亲密关系，你会怎样表达这种想法呢？调情能够清晰地表达你对对方的热情吗？采用性邀请的姿态，效果会更好吗？或者你是不是该引诱一下他（她）呢？比如，给你朋友一个热情似火的吻，能够表明你很想与其发生亲密行为吗？如果你生理方面的表现是真诚并且有怂恿意味，而你的伙伴也接受了这一想法，那么这就会是一个受欢迎的邀请。在这种情况下，你们热情的微笑、密切的目光接触、拥抱、亲吻和温柔的抚摸都要比言语更有说服力，但是你也许还想加一些话：

“我已经有很长时间一直希望能够和你亲密接触了。”
“现在你对我有没有和我对你一样的感受？”
“没什么比和你做爱更让我快乐的事情了。你觉得呢？”

如果你得到了积极的反应，一切就顺其自然，但别忘了保护措施！如果情况相反，你的行为轻佻、动作粗鲁或者时机不对，那么你潜在的爱人可能会认为你的要求粗俗、不浪漫。很多浪漫的人喜欢调情和引诱，因为这些可以使人们产生预期并提升性的浪漫感和兴奋程度。调情可以通过旁敲侧击和肢体语言来表达。此外还有一些暗示性的言语诱惑。比如：

“你今晚想不想到我那里吃个便饭？我厨艺不错哦，而且我很想为你即兴做点特殊的食物。”

“我知道一个很安静的地方，我们可以单独待在一起。”

“我们周末一起出去怎么样？”

技巧56 “把你的手从我身上拿开！”

大多数约会在开始的时候都会有不少娱乐项目、吃饭和彼此有好感的暗示。当两个人继续交往时，好感通常会增加。当两个人自然而然地开始触探对方的性界限时，如果一个比另一个更加主动，困惑也会不断上升。如果发生这种情况，不主动的一方就必须要表述清楚，并让积极、浪漫的一方知道，他（她）的性试探时机还不成熟或者是不受欢迎的。

对不希望的浪漫邀请说“不”，可以向对方发出坚定而又始终如一的信息表明你对这种性试探感到不舒服并希望能够停止。你可以看着对方的眼睛，头部和下巴上扬，语调平静有力。以下是一些例子，可以让你对约会对象的性试探说“不”的时候有所参考：

“嘿，请别这样碰我！我不喜欢你这样做，我希望你能停止！”

“请马上停下你正在做的！”

“除了吻你，我不想再做其他事情了！”

如果你的约会对象回应说：

“哦，得了吧，这有什么可怕的？我不会伤害你的。你会喜欢的。这方面我经验丰富，知道该做什么。相信我，好吗？”

你可以坚定地回答：

“不，我不相信你！显然你不明白，我不喜欢你做的事情，而且我希望你停下来。你让我感觉不舒服。我觉得你该送我回家了。明白吗？”

技巧57“我希望你很健康”

你是不是想与约会对象发生性关系，但是又担心与他（她）有什么传染性的疾病？在你投入对方的激情怀抱并发生性关系之前，要了解对方对性和性传染病是关注还是冷漠。在讨论这个问题时，你可能会觉得有点尴尬，但这样的讨论是避免你在性方面犯错误并因此对你的健康产生不利影响的一种办法。你可以和对方分享你对性关系的看法和态度，并了解对方的感受。一个人越是重视如何避免并阻止性传播疾病，他（她）就越倾向于使用防护措施。

以一种随意的方式提起关于随意性关系的话题和新传播疾病的方法，这些话题是讨论你看过的、听说过的或在新闻中了解到的。以下是一些提起这一敏感的话题、解释你的看法并在发生性关系之前开放地讨论保护措施的方法：

“你有没有看过一部叫……的电影？我觉得主角情爱场面之前使用安全套的那段很棒。我觉得这部片子是关于安全性行为的好典范。你觉得呢？”

“你能相信他们竟然在日间节目中播出关于性的节目吗？我喜欢性，但是现在的生活那么混乱、那么多可怕的疾病，真是让我害怕。你是怎样避免得性传染疾病的？”

“我刚刚看了一篇关于艾滋病和异性恋者的文章。我觉得很可怕，因为你永远不会知道和你做爱的人是不是HIV阳性或者得了什么其他的性传染疾病。你是怎么应对这种情况的？"

"这样听起来可能很直接，但是你是怎么保护自己不被疾病感染和避免怀孕的呢？"

"我知道这样问可能有点难堪，但是我觉得在我们发生亲密的身体接触之前，讨论一下防护措施是非常有必要的。"

技巧58"我有一个不可告人的秘密"

向一个新结识的朋友坦白你有一个不断恶化的健康问题、性传染疾病或者犯罪记录是很令人难堪和痛苦的经历。尽管表露个人的信息会建立彼此之间的信任和默契，还会增进关系，但你仍会觉得讨论自己的生活有点不舒服。怎样才是坦白你过去深埋心底、不能告人的秘密的最好办法？什么时候才是告诉你潜在爱人你的个人隐私的最佳时机？什么样的个人隐私最好先不要说？你的新朋友会有什么反应？他（她）会不会震惊、愤怒或者离开你然后销声匿迹？又或者你的新伙伴能够理解并愿意和你一起解决这个问题？

解决这样的问题的办法之一是问问自己，这样做会不会让对方承担风险或者影响你们将来的关系。同样也应该考虑一下这些问题，是不是有生命危险？还是不过是过眼云烟？比如，你是否：

- 被感染过性疾病？
- 在过去的婚姻中受到精神或者肉体上的虐待？
- 滥用酒精或者毒品？
- 曾经破产？
- 因为逃税而被起诉或者被捕过？
- 进过监狱？

当然这样的秘密很难公开，但它们最好在你们关系开始的早期就被提出来。如果你确实有传染性疾病，在你们双方都投入大量感情而使其变成对方的问题之前，让对方知道它的情况是至关重要的。此外，如果你继续与对方交往，他（她）最终还是会发现这个问题。考虑时间的紧迫性，把私下里的敏感问题在你们双方都很冷静且有时间讨论细节的时候提出来。

你可以说：

“我得告诉你一件事情，这很难，也很难堪。我有轻微的疱疹，它时好时犯。这种疾病没有生命危险，只是很不方便。我想继续和你见面，但是如果你有不同的想法，我也完全能够理解。”

当无法判断你的朋友将对这种坦白作出何种反应时，诚实和直接应对将会使你继续这段崭新关系的机会大大提升。下面是一些关于如何披露令人尴尬的信息的例子。

你可以这样开始交谈：

“现在我们开始对彼此有更加深入的了解，有些事情我跟谁也没有说过，但是我想让你知道……”

“因为上一次婚姻让我受伤很深，所以我现在还在看心理医生，我一直在学习如何控制我的愤怒。”

“我正在从滥用酒精和毒品中恢复，我已经有5年没沾这些东西了。”

“我曾经申请过破产，但是我的会计说我现在的信用度是非常好的，我的生意进展得也很顺利。”

“我5年前被诊断出患有皮肤癌。我已经接受了手术，而且正在康复过程中，但是我觉得你有权知道这件事情。”

“我以前吸过毒，还酗酒，但是现在不了。”

“我14岁时从中学辍学，但是现在我重回学校，并获得了本科同等学历证书。”

“我因为……曾经坐过监狱。”

"我有过三次不成功的婚姻。"

"我小的时候，受到过虐待。"

大多数人对于揭露自己这种秘密都会有点担忧，因为他害怕被对方看不起并会失去对方——有时候，结果就是这样。向某人揭露自己"见不得人的"秘密是很有风险的，但是这种向朋友倾诉的行为也会引发朋友向你倾诉。他（她）是喜欢品头论足还是善解人意？告诉对方你的秘密，会不会形成彼此之间更加紧密的关系感情加强彼此之间的信任，还是会让你的朋友从此拒不开口并就此放弃你们的感情呢？

为了了解你的新朋友对于你的坦白的反应，你可以问：

"现在我告诉了你我的小秘密，你想说点什么吗？你对我说的事情有什么感想？"

关于袒露秘密的一些提示

- 有的秘密还是不公开比较好。
- 不要迫于压力而让自己敞开心扉。
- 要作出对自己和自己的交往最有好处的决定。
- 当心存疑虑时，秘密还是保留到你对约会对象有了更深入的了解之后再揭示。
- 不用告诉新爱人你波澜壮阔的全部历史——至少不用马上。
- 揭示自己的秘密可能会让你搭上这段新的恋爱关系。但是如果对方无法接受你和你那不甚完美的过去，你们最好还是不要在一起。
- 永远不要把新朋友当做是可以进行忏悔的神职人员，尤其是当你们双方对目前的情况都无能为力时。
- 如果你为已经过去的事情、所作过的决定以及鲁莽的行为感觉心怀歉疚或者心事重重，可以和你的牧师、神父或者心理医生进行私下讨论之后，再告诉你的新伴侣。

技巧59 “我还没有做好和你做爱的准备”

令人吃惊的是，依然有很多男性认为他们为女性在晚餐、娱乐等方面花了钱之后，就可以要求以性来结束这“愉快的一晚”。男性越早打消通过经济手段获得性和约会的念头，对双方来说就越好。面对这样鲁莽的要求，巧妙的应对方法可能是：

“我被完全震惊了，你觉得因为你请了我一顿晚饭，我就要和你上床吗?！你把我当什么了？这是我那部分的晚餐费用，现在我们扯平了。晚安，再见!!”

如果你对做爱还没有做好准备或者不感兴趣，你就完全没有必要为任何人承担责任——不论他（她）为你做了什么。最好的办法是冷静、直接但是优雅地面对这种情况。要准备好使用“不断重复”的技巧，特别是如果你被一个浪漫而固执的急性子纠缠时，你可以这样说：

“我不想与你有性方面的关系。”

如果对方说：

“你很漂亮（英俊），我真的很想接近你。来吧，我们来吧!”

你可以回应：

“你也很吸引人，但是我还没有做好和你做爱的准备。我需要对你有更多的了解。”

如果“罗密欧”说：

“我可是个不可思议的情人。”

你可以这样拒绝他：

“我肯定你的确是，但是我还没有做好和你有肢体方面亲密接触的准备。”

如果你的仰慕者说：

“我非常渴望拥有你。”

你可以回应道：

“你对我如此渴望，让我受宠若惊，但是我觉得现在和你做爱并不是个好主意。”

如果你的求婚者想要让你改变主意：

“如果你像你说的那样爱我，就和我做爱吧。”

你可以站起来以加强回应的效果：

“我确实爱你，但是我必须做对我最好的事情。”

如果你要面对的是不顾一切的要求：

“我就想一起找点乐子，来吧，只有这一次，我不会再要求了。你觉得怎样？”

你可以这样的回应来结束谈话：

“这听起来可不像我想要的关系。忘了你所说的话吧，我不会和你做爱的！”

如果你对性行为还没有做好准备，但也不想疏远对方，因为你可能以后会愿意与他（她）做爱，你可以说：

“听着，我真的很喜欢你，但是现在我还没有做好和你做爱的准备。先让我们加深对彼此的了解，然后再考虑性方面的事情吧。”

技巧60 “你不是我想要的类型”

约会和求爱是在你投入大量时间和情感之后能够了解一个人的方式。除了可以共处的背景、共同的爱好、基本的生活态度、相似的价值观和共同的观点之外，你想要确定对方是否有可能进行长期的交往。为了帮助你作出决定，可以问自己以下几个问题：

- 他（她）是不是让我感觉很好？
- 我们彼此是不是相互尊重？
- 我是不是很享受我们在一起的时间？
- 他（她）有时间和我在一起吗？
- 他（她）对我表现出兴趣和好奇吗？
- 我们的交谈能否顺利地从一个话题转换到另一个话题？
- 我们有没有发现彼此都有的兴趣点？
- 我告诉对方自己的感受和观点之后是不是感觉很舒服？
- 他（她）让我产生生理上的冲动了吗？
- 我们有没有讨论过对性和毒品的态度？
- 这个人能够成为我的好朋友吗？
- 我能想象出我和这个人处于长期恋爱关系的状态吗？

如果对上述问题的大多数答案是肯定的，那你就可以继续你们的交往，因为你们有发展成为真正恋爱关系的潜质。如果答案是否定的超过了半数，而且你的潜意识告诉你：这个人可能不适合你，那么就要严肃认真地考虑在太过投入之前结束约会关系。

你可以通过突然变得“太忙”没法在一起的方法，向对方发出这样的信号：你不再想和他（她）约会。这可能有点突然，无法见面是个解释你不想继续交往的方法——不用费力地解释为什么对方不适合

你。不管怎样，你的追求者可能还是想知道你突然失去兴趣的原因。另一种情况，则是绕开各种借口，给出详细的解释。

你可以用称呼对方的名字作为开场白，这样说：

“比尔，我们昨天晚上吵架之后，我觉得我们这样的关系是没有未来的。我们太不一样了，所以我们以后还是不要见面了，好吗？我希望你能够理解。”

如果遭到抛弃的求爱者回应道：

“天啊，我一直以为我们之间进展不错。发生什么事情了？我的意思是，大家都会发生争执。这有什么大不了的？我们已经约会两次了！”

你可以回应道：

“听着，你是个很好的人，而我也确定你会找到一个很不错的伴侣，但我不是那个人。我们就这样吧，好吗？我很抱歉让你难过了，但是我就是这样感觉的。”

技巧 61 “我要和你分手”

罗瑞和斯坦已经开始单独约会大约 1 年时间了，他们甚至开始讨论住在一起，并谈婚论嫁了。虽然他们的关系开始的时候充满了激情，但是在过去的几个月里，这段关系变成了可怕的争吵和随后长期的冷战。

他们谈到了沟通的问题，但是无法保证能够让彼此的关系回到原来的轨道上。罗瑞很喜欢斯坦，但是她依然想要和他分手，因为她觉得他们之间的共同点太少了，不会有未来的。而斯坦只是很喜欢和罗瑞做爱。

罗瑞并没有为他们之间的关系感到紧张，她想：“看在眼里的不如拿在手里的。”但是问题在于，斯坦和罗瑞应该继续他们这样的关系还是分手去寻找更适合彼此的伴侣呢？

分手是很糟糕的事情，但是还有比与错误的人共度余生更糟糕的吗？虽然结束交往是很艰难的事情，但是你依然可以很巧妙地做到。当你和对方分手的时候，不要恭维对方，说什么“你是好人，但是……”之类的话，因为这些并不能让对方感到好受。最好是能够为你结束这段关系的决定给出简短的解释，然后表示，这段关系的失败是双方的责任。

你可以平静但是坚定地说：

“说这些话对我来说很难，但是我们的关系出现问题很久了。我们的目标和价值观太不相同了。”

“我们在一起，再也感受不到快乐。我们还会争吵。我们不适合彼此。我们尝试过改善关系，但是效果不大。我觉得是时候分手走自

己的路了。”

“我们对这段关系的需求是不一样的。我想你和别人在一起会更加快乐。我们离开彼此，和别人在一起可能会更好。我觉得我们都应该开始寻找别的交往对象了。”

如果你被抛弃的爱人问：

“我们还能成为朋友吗?”

你可以回答：

“当然，为什么不呢？就是你认为的那种没有身体接触的朋友。”

注意，有些人在亲密关系结束后确实还能成为朋友，但是多数情况下，当这段关系结束后———切就都结束了。

技巧62 “我们应该结婚”

有没有这样一个人，你们交往了足够长的时间后，有个声音在你头脑中不断重复着：“我想和这个人结婚”？你内心的声音是你已经做好接受一段长期、确定关系的暗示。而所有这些给你随后的感觉是——剧烈地喘气——这是一个突然冒出的问题，当然还需要对方有积极的回应。不过，让人吃惊的还有在他们交往的最重要的关口——求婚时，有些伴侣表现得却非常不浪漫和鲁莽。在这样微妙的情况下，什么都不说远比说什么重要得多。

在求婚的时候，不能说的话

“你为什么不能作出承诺？如果你真的爱我，你就应该和我结婚。”

“我们不如试试，看看能发生什么。”

“和我结婚，要不我就和别人结婚。”

“我妈妈说她厌倦了向朋友们解释为什么我们住在一起，所以，我们还是结婚吧。”

“我的财务顾问说，如果我在 12 月 31 号之前结婚，我就可以享受减税政策，这样就可以节省 2000 块钱。你觉得怎么样？”

“让我们的关系正式化吧。结婚证明不过是一张纸，不会改变我对你的感觉。”

如何求婚

如果你希望和你的伴侣结婚，就要营造好气氛，并由衷地、充满自信地求婚，当然还要浪漫。如果你把握非常大，可能你会希望两个人一起去共度一个安排妥当的浪漫周末，然后在周末即将结束的时候，抛出这个问题。简短的方式可以是，在浪漫的一晚即将结束时，让伴侣坐在你身边，然后就可以问：

“没有你我不能生活，你能和我结婚吗？”

“我爱你，想和你共度余生，你愿意吗？”

这种求婚方法，简短、直接，当然也很“老套”。不过这种“老套”的方法在人类的几百万次求婚中，屡试不爽，因此对你也是适用的。当然，谁也不能保证对方也和你一样对婚姻有渴望，但是至少你说出口了，你已经尽了最大努力了。

技巧 63 “婚礼取消了！”

你所有的朋友都会说：“你订婚了?！恭喜恭喜！你一定很快乐！”不过等等，现在你还不确定和这个人结婚是不是做对了。有句老话就这么说：匆匆结婚，就去里诺后悔吧。（注：里诺，美国著名的“离婚城市。”）也就是说，你越匆匆忙忙地结婚，你的婚姻以离婚收场的可能性就越大。

一个婚约其实是对两人的耐心、包容力和妥协能力的考验期。如果在这段时间内，有哪一方无法达到对方的预期，取消婚约可能是最正确的选择。当然，取消婚约会感觉很难受，但是总要比不快乐地生活在一起并最终以离婚收场要好得多。如果你觉得和这个人结婚不是明智之举，那么取消婚约就是正确的事情。不过要准备好面对对方强烈的反应。

你可以这样说：

“我有些事情要告诉你，我努力想了很久。这对你来说可能震动很大。我很抱歉地告诉你，如果我们结婚，可能是个大错误。”

如果你的未婚夫（妻）回答：

“一个大错误？我不敢相信你会这样说！你什么意思？”

你可以回答：

“过去几周我想了很久，然后总结了一下。我发现我们的目标和价值观真的是太不一样了，我们的婚姻是不可能幸福的。我接受你的求婚是错误的。我要取消我们的婚约。我很抱歉。”

如果你的未婚夫（妻）争辩道：

“你很抱歉？我该怎么对家人和朋友们说呢?!”

你要很坚定地回答：

“这就要看你了，但是我是不会和你结婚的，那不行。这不是任何人的错误，我们只是不会幸福。”

如果你的未婚夫（妻）争辩道：

“那当时我求婚的时候，你为什么答应呢?”

你可以诚实地说：

“当时我觉得我对你的爱足够让我们结婚，但是我错了。”

第 12 章

夫妻之间要多多地沟通

当玛丽和萨尔在朗诵他们的结婚誓词时，他们凝视着对方的眼睛。这一动人时刻让他们更加确信他们是绝配。就像很多新婚夫妻一样，玛丽和萨尔觉得婚后所要面对的很多问题与他们无关，当他们对彼此许下诺言时，婚姻的其他部分就会自行处理好。统计数据告诉我们，50% 的初次婚姻以离婚收场，大部分是因为缺乏沟通。

你和你的伴侣会不会经常彼此误解呢？你会假设彼此不用交谈就可以知道对方的想法和感受吗？当夫妻不敞开心扉交流时，他们通常会有挫败感，感到愤怒和被疏远。但是，你可以把愤怒的语言转化为坚定的话语，这将会帮助你的配偶理解你的感受并以一种更有建设性的方式回应你。以下是一些与配偶沟通时的困难情况以及巧妙的沟通方法。

技巧 **64** “你总是对我想当然”

简知道丈夫比尔工作格外努力。为了让他高兴，她把孩子们交给临时保姆，并花了几个小时准备了一顿“完美”的晚餐。比尔回家晚了一个小时。到家后默默地把烤糊的肉和水淋淋的蔬菜狼吞虎咽地塞进嘴里，然后就倒在沙发里看电视。简的眼泪再也忍不住，她哭了起来。

“你对这顿晚餐连谢也不说一声！你是不用做什么表示，它全凉了，就是因为你回家晚了！如果你按时回家，一切都不会是这样的！你总是这样对我！”

经过一天漫长的辛苦工作，比尔被老婆的爆发激怒了，也喊起来：

“我总是这样对你?！为什么事情不是按照你的意愿发展时，你就表现得像个孩子？你知道我每天要工作得四脚朝天，你和孩子们才能够舒舒服服地待在家里，而这就是我得到的回报？我现在所需要的就是放松，所以，现在你让我一个人待会！”

这次，简和比尔沟通的最终结果就是双方都感到愤怒、得不到认同。

尽管围绕着这个主题，情况会千差万别，但所表达的愤怒都是一样的。婚姻专家建议，在问题变得失去平衡使你的婚姻失去活力之前，要以开放的态度，坚定地把困扰你的问题说出来。

当你的配偶让你感受不到认同或者觉得愤怒时，你有责任表达自己的想法——否则你的配偶就会不断地激怒你。要详细地对配偶诉说他（她）的行为对你产生的影响和你觉得这样的行为应该如何改变。

“比尔，我很沮丧。当你下班回到家的时候，我只是想让你吃到我亲手为你做的晚餐。如果你知道要晚点回家，能不能先打个电话给我？”

比尔能说的就是：

“简，感谢你给我准备的特别晚餐。但是你事先不告诉我一声就做准备，让我感觉很突然，然后你还因为我回家晚了而生气。我的感觉就是不管我做什么都会受到指责。我们就不能相处得好一些吗？”

对方的妥协可能是这样的：

“你看这样好不好，如果我知道要加班，就提前给你打电话；而如果你有什么计划，特别是针对晚上的，要让我事先知道。这样可以吧？”

技巧65 “在家里我需要有人帮助！”

你的配偶有没有把脏餐具堆在洗碗池里，希望你能够清洗、收好？你的配偶有没有从卧室到卫生间扔了一地的脏衣服？有没有因为自己做了几乎所有的家务而变得愤怒和厌烦？多数人都愿意不干活儿和出去玩，而不喜欢做家务，如果家务负担在没有征得同意前就落到了其中一人身上，不满很快就会变成不快。

你可以生气、愤怒、堆积怨气或者闹情绪甚至离开你的配偶——这些都是因为你觉得你受到不公正的待遇。然而更有帮助的选择是用你的真实情感温柔地面对配偶，合理地期待他（她）帮你做更多的事情。

你可以说：

“每次都由我来做所有的家务，这让我有点不高兴。我需要一些帮助，我希望你至少能够承担部分事情。这样的要求不会太过分吧？”

如果你的配偶抱怨：

“为什么我工作一天之后还要抽时间帮你做家务？而且我周末还要修剪草坪。你还想让我做什么呢？我需要点时间放松！”

你可以冷静地回应：

“我很感谢你能够修剪草坪，但是家务不仅仅是这些。我工作了一天，我的空闲时间和你的一样有价值。我需要更多的帮助来完成这些日常琐事，比如洗碗、拖地等。如果我们每个人一次做一点，那么对我们来说就不用花费大量时间。这样听起来不合理吗？”

如果你的配偶推诿道：

“这样的家务事太无聊了，你去做就是了！有什么大不了的？！”

你可以回应道：

“好吧，如果你要完成95%的家务，而我在看电视，你会有什么感想？听着，我不想争论，但如果我们能够更合理地分派家务，我们肯定会更加幸福地生活在一起。你觉得怎样？你能帮我更多些吗？”

请注意，不要低估了不公平的家务分工对你的婚姻产生的破坏力。

技巧66“去找个工作！”

这种要求经常是因为配偶一方不断索要零用钱，或者对方对你的生活标准不接受从而发表了不负责任的言论。多数人处在失业的状态下是因为他们无法找到合适的工作，而有的丈夫或者妻子只是懒惰，宁愿被人供养而不是自给自足。

在面对一个游手好闲的配偶时，你要和蔼但坦率地说出自己的想法，明确地表明你的期望。然后可以提一些让他（她）找工作或者进行就业培训的建议。如果补充一些自己找工作的经验，效果会更好。以下是一些督促懒散配偶找工作的方法：

你可以问：

“今天你去找工作了吗？”

如果配偶回应道：

“现在没有什么体面的工作，为什么我要为一些薪酬很低的工作耗费精力呢?”

你可以这样回答：

“听着，我知道现在工作不好找，而你有你的自尊，但是我们必须有两份收入。就是这么简单。现在，你能为了找到工作做点什么吗?”

如果配偶回应道：

“我看了报纸，没有什么合适的工作。我也打了几个电话，但是他们已经招到人了。我从没停止找工作，我还能做什么?”

你可以建议：

“为什么不给你的朋友打个电话，说你现在正在找工作? 多数工作机会都是不登广告的，总会有机会的。你永远不会知道什么时候会有幸运降临到你头上。”

如果你的配偶说：

“我不会为了工作去求朋友的。我有我的自尊，你是知道的！他们永远不会让我失去自尊的！”

你可以这样应对：

“和你认识的人讨论一下工作机会不是乞求——这是正常的人际沟通。这是寻找工作机会的好办法。如果他们是真正的朋友，肯定会告诉你他们知道的职位空缺。要是你能一直和大家保持联络，肯定会有收获的。”

如果配偶抱怨道：

“就算他们告诉我有个职位，这个工作也可能和上一个工作一样无趣！”

你可以回应道：

“这工作可能不怎么样，可谁也没说你必须永远干下去。也许你可以进行一些工作培训。你不是总想学习网站建设甚至自己创业吗？为什么不换个角度想想？这可能是一个新事业的开始呢。”

然后你可以告诉配偶，任何为了就业而采取的行动都要比不采取行动要好。你可以说：

“你必须找到一个工作，这是底线——因为不管你赚到多少钱，都会为提高我们的生活水平作出贡献。这是我自己做不到的。”

技巧67 “你得减肥了！”

你有没有因为配偶吃得太多或者当“沙发土豆”而训斥过对方？你有没有责骂和羞辱他（她）而迫使其减肥？事实是，训斥你的伴侣会对他（她）的自尊产生意想不到的伤害。

那么你如何才能够建议你的配偶减肥而又不让这听上去好像不通情理？首先，不要做出任何贬低对方的评论或者和前情人进行对比。这些言论只会让对方感到愤怒、压抑和受到排斥。如果你的配偶有严重的体重问题，首先鼓励他（她）去进行体检以排除出现健康问题的可能。

如果健康没有问题，那么就支持并鼓励你的配偶作出减肥的决定。当听到伴侣说出诸如“我讨厌我的样子”、“我真的很胖”等自我贬低的言论时，你可以说一些这样的话：

“好吧，如果你这样觉得，为什么不做点什么？你希望的体重是多少？”

“如果每个月减1磅体重，那到明年这个时候，你就会减掉12磅。这不难实现吧？”

“我肯定你能够减掉一些体重，如果你少吃些高脂肪的食品的话。要不少吃些饼干和巧克力蛋糕，然后看看你能在一个月内减掉多少？”

“如果你真的想减肥，我肯定要是少吃一点，多运动一点，你就会减下来的。”

如果这个办法没有奏效，你可能想问：

“你是有什么烦心事，所以会吃得多吗？”

“干吗这么担心自己的体重？我觉得这个社会对女性体重的要求太不切实际了。”

最后，不论他（她）的体重是多少，都要爱他（她）并接受他（她），这样能让他（她）建立自信，并有动力进行自我改变。你可以说：

“我肯定减掉一些体重会让你感觉好一些，但是我希望你知道的是，我觉得你是世界上最性感的人，而且是我最爱的人，不管你有多重！”

对他（她）不要说这样让人抓狂的话

“你是不是又长了几磅了？”

“要是不穿这件大花图案的衣服，你看起来会瘦一点。”

“啊哈，口味决定身材！”

“我昨天在商场见到了我以前的男友，他看上去身材和高中时我们约会的那阵儿一样。”

“你弟弟怎么就能一直那么瘦?”

“我妈说得没错——你胖了不少。”

技巧68 “我们的婚姻需要一些激情”

你的婚姻始于一次热烈的恋爱，但现在看上去已经变得无聊而缺乏激情了，对吗？即使是最好的婚姻也会陷入缺乏浪漫的困境中。如果减少了彼此相处的时间和精力，夫妻俩可能会慢慢开始厌倦彼此。当婚姻达到这种漠不关心的程度时，发生婚外情和离婚的危险就会显著提高。一定要避免鲁莽地评论婚姻。为了给你的爱情充电，你可以采取下面的一些步骤：

1. **为伴侣和自己留出特别的时间**。要求配偶花上5分钟、5小时或者5天和你在一起，没有朋友、家人的打扰。你可以这样说：

“花个5分钟，揉揉后背，你觉得怎么样?”

“我们一起过一个周末怎么样？只有你和我，没有朋友、没有孩子，只有我们俩？”

“我们也去试试报纸上说的那个‘情侣套餐’怎么样？结婚后，我们有太久时间没有单独在一起了。”

2. **营造浪漫气氛，回想以前的时光**。这样做可能有点老套，但是轻柔的音乐、浪漫的鲜花、小小的惊喜和温馨的回忆都可以使你和你的伴侣重燃激情。你可以说：

“还记得当我们……的时候多快乐啊！”

“当我们第一次见面的时候，我就爱上你了，因为……”

“我总是在想我们第一次做爱时的情形。”

3. **把你的做爱程序改变一下**。当他（她）确实有意愿的时候，引诱你的配偶。运用肢体语言表达你希望和他（她）亲近，然后可以说：

“我们暂时别管碗碟（电视或者其他的什么）了。我想要你——现在！”

“当你……时，我真的爱死了，那真刺激。你现在有兴趣吗？”

“把‘请勿打扰’的牌子挂在我们卧室的门口吧。”

4. **停止争吵并开始倾听彼此**。当愤怒和抱怨在平静的表面下暗潮涌动时，人们是很难感受到浪漫的。这里是一些向配偶表明你想要“做爱，而不是作战”的方法：

- 展开一场针对你们的关系的心灵对心灵的谈话，并鼓励配偶袒露他（她）的感受。
- 别忘了使用你的倾听技巧，且不带辩解或者反驳地认同他（她）所说的话。
- 分享你的感受、承认自己的错误，并表明你非常希望能够改变现状。
- 允许配偶对愤怒、压力、不满等情绪的释放，这样会使你们两个都能够敞开心扉。

以下是一些认同对方，表明你倾听并理解了对方的观点：

“你是对的。当我打断你时，表明我没有在听你说话。我很抱歉。请你继续说。”

“从你所说的来看，你好像对我们的婚姻现状有点失望。我也是。我希望我们能够一起努力修复我们之间的关系。你有什么建议吗?”

“我没想到自己让你这么不开心；当我指责你的时候，让你感觉自己无人欣赏。我只是想帮助你，但是我同意你所说的。如果我把精力放在了解你积极的那一面上，我肯定会让你好受些。”

“我很抱歉伤害了你的感情。我那样说让你感觉很不好，我道歉。在我批评你的时候，我也很难过。我承认这样做是不对的。我真心地希望能够改变我们的沟通方式。”

不论你是如何想的，你的配偶都不会“读心术”

跟配偶说出你的需要、要求、希望、恐惧、梦想、激情和感受。你可以说：

“这是我需要从你那里得到的，我需要……”

“这是我想从你身上得到的，我想要……”

“这是我希望我们能够拥有的。”

“这是你给我的感觉。”

“我爱你。”

“我有时候会忘记我是多么地爱你。”

技巧69 “家里的大事，咱俩得商量着来”

你的配偶有没有不征求你的意见，就直接给家里买车或者其他什么昂贵物品？你有没有哪天回家发现你最喜欢的一把旧椅子不见了，取而代之的是一套看上去是从现代艺术博物馆搬来的沙发？他（她）是不是不经过你的同意就作出重要的家庭决定？不征求配偶的意见作出重要的家庭决定的人就像是一台压路机，必须立刻被叫停。如果你跋扈的配偶第一次这样做，你还有机会阻止他（她）。你可以说：

“卡尔，你不能突然间就带一条狗回家，还指望我高兴！养一条狗意味着很大的责任，我还没有做好准备。你得把它送回去。”

如果你的配偶说：

“哦，它非常可爱，不会惹任何麻烦。除此之外，我为了它已经花了 100 块钱。”

你可以回应道：

“100 块钱！我们负担不起的！确实，它是很可爱，可是小狗需要很多的照顾，而且你又很少回家。你得把它送回去，立刻。”

然后你可以说：

“听着，卡尔，我们得把话说清楚。我有权对家里所有决定提出意见。下次如果你想做什么重要的事，比如买一条狗、一辆车或者任何将让我们的生活产生改变的事情，我们得先谈谈。现在，对狗狗说再见吧！”

技巧 70 “我喜欢上别人了！”

首先，告诉配偶你喜欢上了别人，这不是明智的做法，所以不要去尝试。但还是有一些人会考虑向配偶坦白自己有婚外情。

你可能觉得告诉配偶之后可以减轻一些你的愧疚感。但我不建议这样做。你可能会在短时间内感到轻松，但是你的坦白对配偶造成的情绪低落很快也会让你的情绪也陷入低谷，甚至比以前更糟。

如果你想要告诉对方你有了一段不正当婚外关系的目的是为了报复他（她）的不忠。我也不建议这样做。尽管这可能是你的配偶“自食其果”，但报复是一种毁灭性的情绪，不会对造成的破坏有任何修复作用。

只有在你决定结束一段婚姻时才适合坦白，直接说清楚：

“我爱上别人了，我想要离婚。”

技巧71“我要离开你”

结婚有时候看上去是个好主意，但事情不会总按照你的计划发展。现在，你想要离婚。用这样的决定来结束婚姻是痛苦、艰难的，也经常伴随着内疚和恐惧。很多人会冥思苦想：如果离婚了，自己的配偶没有自己怎么活下去。有一种方法可以帮助你克服这种担忧：

“我不会让忧虑阻止我做我们两个都认为是正确的事情。他（她）是这段不幸婚姻的幸存者，我也是。”

提出离婚是一个非常容易激动的时刻，在开口之前要先想好说什么。你的言辞要简洁、突出重点，不要说任何谴责的话或者表现出愤怒情绪。尽量说明“事实就是如此”，建议你们过几天再进行一次对细节的讨论。要表明，你希望你们离婚后还是朋友，但是如果不太可能，你就得通过律师按照正常的法律程序办理离婚手续。把自己的“独立宣言”大声朗读几遍，听听自己的声音。在你告诉配偶要离婚之前，可以说一些鼓励自己的话：

“摆脱这段婚姻，是我这辈子作出的最清楚的决定。”

你可以通过电话告诉配偶你想离婚的决定。如果你不确定对方会有什么样的反应，就选择在公共场合告诉他（她）你的决定。有几种方法可以告诉对方你已经对这场婚姻绝望了：

“说出这话，对我来说很艰难。但是我已经决定了。我不想和你继续生活在一起了。我们的婚姻结束了，我想离婚。我们还需要讨论很多细节问题，我希望能够和平解决它们。我不希望现在谈论这些问题，过几天再说，好吗？”

“我决定和你解除婚姻关系。我不想说这一切是谁的错。这样做没有任何意义，我们双方都有责任。我现在提出离婚，我希望能够通过法院解决所有的细节问题。”

你的配偶可能会试图挽回，然后希望你能够改变想法，他会问一些让你内疚的问题：

“人们会怎么说我们？孩子们怎么办？你怎么能这样对我？这个消息，我父母会受不了的！”

面对这样的情况，要做好应对的准备：

“我已经作出决定，我要和你离婚。人们会怎么说我们？离婚是我们自己的事情，他们想说什么就说什么。至于孩子，我们都要尽自己所能处理这个问题。离婚对每个人来说，都不是件容易的事情，但是我们会挺过来的。”

对前配偶“要”和“不要”

- **要**使你们之间的交谈轻松，并保持朋友的关系。
- **不要**在社交场合讨论探视权、赡养费或者其他家庭私事。
- **要**问候前配偶的家人和你们共同的朋友。

- **不要**再提起过去的争吵和不当的言行。
- **要**表现出对过去的忘怀和宽恕。
- **不要**在深夜给前配偶打电话要求帮忙。
- **要**在遇到前配偶的新伴侣时，表示欣喜。
- **不要**问及前配偶的私人生活方面的问题。
- **要**祝愿对方一切都好。
- **不要**在你们共同的朋友面前对前配偶飞短流长。

第 13 章

对孩子要多些尊重

孩子和成年人一样，也需要巧妙的沟通。对孩子的行为、天赋或者梦想贬低性的评论会伤害他们的自尊，并为以后无法获得成功埋下了隐患。从另一个方面来说，当成年人对孩子的所想、所感、所欲表现出包容和尊敬时，可以在两代人之间搭起沟通的桥梁，并激励年轻人在家里和学校里都能做到最好。

技巧 72 “我错了”

孩子知道成年人也不是完美的。当成年人犯错而不承认时，孩子们会变得困惑或者愤怒。因此，当你和孩子一样犯了错时，不要用什么你是成年人的借口来为自己辩解。承认自己的错误会树立积极的榜样，并使你言行如一。承认错误也表明你尊重孩子有自己的感受和选择的权利。

对比莽撞和巧妙地与孩子谈论你的错误，以下是一些典型的例子：

莽撞的谈论方式	巧妙的谈论方式
“跟你说了多少次，不要和我顶嘴！”	“能告诉我为什么你不同意我所说的呢？”
“我不会做错的。”	“你说得对，我搞砸了。”
“我伤害了你的感情？这可真太搞笑了。”	“我这样说很愚蠢。我道歉。”
“我不可能说错。”	“你是对的，我错了。”

技巧73 “你要按照我的方式做！”

好心的父母和老师可能认为，他们可以通过告诉孩子们做什么、何时做以及如何做来帮助孩子们避免错误。没有什么比大人们永无休止的批评以及教训他们“要这样做”更能打击孩子的士气和热情了。

把批评和恐吓换成称赞会把孩子的努力过程和结果区分开来。这种办法是为了鼓励孩子为实现自己的目标而做出的坚持。有个例子可以让你帮助孩子增强自信和动力，哪怕他（她）没能“实现目标”。比如你可以对孩子这样说：

“我想为你力争加入足球队而祝贺你。”

如果孩子说：

“是吗，不过我没成功！为什么要祝贺我呢？”

你可以回应：

“嘿，听着，竞争很激烈，我很遗憾你没能加入球队，但是我感到骄傲，因为你作出了努力，这很重要。”

如果孩子说：

“我还是没能加入球队，要自信有什么用呢？能加入球队才是重要的事情。”

你可以回应：

“当然，你目的是加入球队，但重点不仅于此。这还会让你养成坚持的习惯。如果你以后真的希望做一件事情——不管是什么——你会一直努力，直到你成功。”

技巧74 “你永远做不对一件事情”

大人们总是不断试图纠正孩子的行为和自我形象。如果孩子总是听到自己有多糟糕和愚蠢的评价，用不了多久他就会真的变成这样了。而家长八成的赞扬和两成的批评，可以很快提升孩子们的自信。

诀窍在于抓住孩子做对事情的时刻。当你看到了积极正确的行为，要大声地说出来并毫不带一点批评的意味地称赞他，不要说：“这很好，不过……”以下是一些例子：

“谢谢，不用我说，你就把垃圾扔了。很感谢你把这里收拾干净了。”

“对你来说这可能算不了什么，但是你进门前擦净鞋底的行为，让我很高兴。你这样做对保持屋子的清洁帮助很大，谢谢。”

“你今天的表现真让我吃惊！走上讲台发表演讲可是需要很大勇气的。在那么多人面前说话，有什么感受?”

“我觉得你能够承认打破了窗户，为自己赢得了声誉，哪怕朋友们嘲笑了你。你这样做可是需要很大勇气的。”

“我很高兴不用我的督促你就完成了作业。”

技巧75 “写完作业！”

家庭作业对孩子和大人来说可能都是日常杂事的一部分，它可能让你沮丧并且耗费你很多时间。溺爱孩子的家长觉得有必要检查每项作业的每一个细节，而提不起兴趣的孩子则想尽可能地少做作业。有些懒惰的孩子甚至会让家长替自己完成作业。另一些关于家庭作业的情况则是以孩子大哭而家长抓狂地大叫而告终：“你没有认真做，现在重做一遍！”

家长可以通过减少对细节的关注而降低家庭作业给孩子带来的困扰。诀窍在于形成一种做家庭作业的惯常流程，要留出时间，不要拖拖拉拉，鼓励独立完成并对积极的效果予以表扬。以下是使你的孩子开始他（她）的家庭作业并使其意识到这是他们而不是你的责任的5个步骤：

步骤1：养成习惯

在安静的地方开始做作业，而且时间要早。当然，完成作业是孩子的责任，而家长的责任是给孩子提供一个安静、照明良好、有必要设备的房间。厨房的餐桌不是完成作业最好的地方，因为那里有太多的干扰。你们可以商定一个写作业的时间，关掉电视，然后开始。形成惯例就是战斗取得了一次胜利。

用一周的时间规划如何完成作业。周一，用5分钟时间做一下计划，然后用每天晚上的时间完成。让孩子列一张表格和清单写清每项任务所需要完成的时间，并对耗时进行一下估计。这个做法有点狡猾取巧，因为小学和初中的孩子总会对完成作业的时间估计不足。同样，设置一个结束的时间，并严格遵守。

你可以帮助孩子提高对时间估算的准确度。你可以这样问：

“用这么多时间来完成作业够吗？”

“你考虑过这项作业从开始到结束你需要做的每一项事情吗？包括应急对策、阅读指导、检查准确性和保持工整？”

步骤2：孩子有需要时才提供帮助，但不要在旁边监视

让孩子自己完成，不要总是在背后监督。你可以说：

“先看一下作业要求，然后告诉我他们让你做什么。”

如果孩子有点不明白，问：

“我不明白。我该做什么呢？”

你可以说：

“好吧，我们一起把要求大声读出来，然后就明白了。第一步你该做什么？”

步骤3：帮助他（她）学习第一个例子或者正式开始

要求孩子完成第一个例子或者开始完成作业。比如，你可以说：

“我们先从数学练习开始，然后看看你是不是理解了。”

“写一个关于幽灵的故事，怎么开始才有趣呢？你有什么主意？”

“你怎样把拼写表中的第一个词放在句子里？”

“你的科学报告是关于濒危物种的，在百科全书里，你可以找到哪些信息？”

步骤4：赞扬并给予积极回应

当孩子理解了作业的要求并开始后，要对其给予简单但是积极的回应。比如，你可以说：

“你已经出色地完成了前三个数学练习了！干得好！在我把其他的留给你之前，咱们来看看单词的问题。你有什么不明白的吗？有没有你不知道怎么做的？继续努力！”

“我真的很喜欢你这个故事的开头。我都等不及要看看接下来会发生什么了！写完了一定要告诉我。”

“你的方向是正确的，继续努力。现在一直把作业做完，你会搞定的。”

“如果你在这部分被卡住，可以先完成下一部分。只要找到了突破口，你就可以解决问题。”

不要批评太多，不要抱不切实际的期望，不要纠结于细节。相反，鼓励孩子的工整、准确和创造性。一旦孩子成功地开始写作业，就让他（她）独自完成吧。

步骤5：定时检查孩子的进度

过大约半个小时，你可以走进来看看孩子作业的进展情况。如果他（她）的进展顺利，要给他（她）一个温和的鼓励或积极的回应。不要苛求完美或者过于热情。简单的微笑、把手放在他（她）的肩膀上，说：

“你做得不错。继续吧。”

然后，离开房间让孩子继续完成作业。如果孩子抱怨说，“这太难了”、“我不会”或者“我什么也想不出来”，不要替他（她）完成作业。建议孩子休息5分钟（不要看电视），活动一下身体、吃点健康零食或者呼吸一下新鲜空气。然后让他（她）再回到桌边，给一些简单的提示，帮助他（她）理清思路。如果过了10分钟，他（她）还是被卡住，那么你可以说：

“我知道这些作业对你来说有点难，但是如果你觉得今晚真的尽了自己最大努力，现在可以先把它放在一边去做其他作业。明天上课之

前，我想你可以请老师再解释一下这个作业。”

如果你的孩子对某一科的作业总是感到沮丧，你可以和他（她）的老师联系，讨论一下这个问题，并想出可能的解决方法。

技巧76 “我不喜欢你的那些朋友！”

尽管家长有权关注孩子与什么人交往，但去指导一个十几岁的孩子什么样的人可交、什么样的人不可交总会引发双方的冲突。在你对孩子的朋友发难之前，问问自己对他（她）的感觉为什么这么糟糕。你的否定是仅仅建立在对方的外表还是完全建立在事实的基础上？这位朋友是没有礼貌还是太过偷偷摸摸的？他（她）太狂野还是对你孩子来说做朋友太老了？你怀疑他（她）会卷人什么违法或者你不希望发生的事情吗？你的消极感觉是来自于这位朋友的父母还是他家庭的生活方式？不管你反对这位朋友的原因是什么，你向孩子传达的感觉可能要比你说的内容更加重要。

比如，如果你因为这位朋友在走进你家门时都没有看你一眼而觉得他（她）很无礼，你可以这样对孩子说：

"你的朋友汤姆来咱们家找你时，他表现得好像我根本不存在一样。走进咱们家，却连一句'嗨，你好吗?'都不说，这也太粗鲁了。我不是不喜欢汤姆，但如果他还是这样当我不存在的话，我很快就会不喜欢他了！你可不可以告诉他，我希望他对我能够有礼貌些!"

可能你觉得这位朋友的行为会对孩子有不良影响。你可以跟孩子说说自己的担忧。但是要挑选好时间而不是在他（她）正准备出门时。如果你直接禁止孩子和这位朋友见面，你就毫无疑问地是在挑起一场争论，而且，你会获得相反的结果。如果你能够少些说教的口气，可能会促使孩子考虑一下你的感受，最终彼此达成谅解。首先，你可以鼓励你十几岁的孩子告诉你关于他（她）的朋友的一些情况：

"你们一起上什么课?"

"你们不在学校的时候，喜欢做什么?"

"他（她）有没有什么特殊的才能?"

"你有没有见过你朋友的家人？他们怎么样?"

仔细倾听以获得明确的信息，然后问一些后续问题。但不要搞得像是在审犯人。然后告诉孩子你的看法和担忧。你可以说：

"你可能觉得难以理解，但是我不想你和杰西在一起，因为……"

"我担忧的是卡门家直到晚上8点才有大人。如果你们想在一起学习，为什么不请她到我们家来?"

"每次杰罗姆来咱们家时，他闻着都像是从啤酒桶里刚爬出来，你能理解我为什么担心你和他在一起了吧?"

即使你反对孩子与这个朋友交往，也要考虑一下十几岁的孩子经常是按照自己的想法行事而不考虑父母的反对。你能使用的最有效的对孩子产生影响的办法是要营造一种宽松的谈话氛围。

你要为孩子定下规矩。如果你反对他（她）花费大量时间和一个你不喜欢的同龄人交往，可以平静而坚定地说：

“听着，我不喜欢这个家伙。你告诉我的事情只能加强我的这种看法。自从你们经常在一起，你的成绩就大幅下降，而你现在的态度也让我很难接受。我不会因为你的问题而责怪他，但我觉得这是个不好的开始，而且会引起更大的问题。如果你还和他在一起，你就要有麻烦了。我希望你能够和他划清界限，空余时间和其他朋友待在一起。”

如果孩子说：

“他是我朋友，你无权阻止我！”

你可以说：

“可能我无法阻止你，但是你知道我对他的看法，而且我希望你照我说的做。”

技巧77“不要做这件事！”

孩子们一旦到了青春期，他们对异性的好奇心会与日俱增，也希望有所体验。有的家长错误地认为对孩子隐瞒性知识可以保证他们的纯洁，这种观念存在很大的误区。孩子已经从影视节目、网络以及他们的朋友那里对性知识有所了解，尽管这些信息并不一定准确。即使家长提倡禁欲，他们也应鼓励就性的价值进行开放式的讨论。以下是一些你们如何谈论性与爱问题的说话方式：

“我正在看一篇文章，说的是关于你这个年龄层正处在性活跃期的孩子。你对十几岁的少女生孩子有什么看法？你觉得这些年轻人做的是正确的吗？”

“我知道你们学校开设了一些性教育课程。我想听听你们都谈到了什么方面的话题。”

“如果有人逼迫你发生性行为，你会怎么做？”

“你知道婴儿是怎样生出来吗？”

“你知道如何进行避孕吗？”

“你知道如何避免性病的传播吗？”

不管家长们是多么独裁、保守、操控欲强，他们都有足够的理由去关注孩子性方面的价值观和习惯。但是家长要与孩子们沟通自己对性的观点，这一点比他们对性和性价值妄下评论更加重要。老话怎么说来着？“言传身教最有效。”

技巧78 “你有滥用毒品的问题”

对所有家长来说，孩子沾染毒品是他们最大的噩梦。可是，依然有很多无知的父母相信自己十几岁的孩子可以对这个恶魔免疫。否认孩子可能会有毒品或者滥用酒精的问题，可能使这个问题更加严重。可问题是，仅仅体验一下和毒品成瘾的区别在哪里？毒品和滥用酒精治疗专家向老师和家长们建议勇于面对那些确信滥用毒品或者酒精的年轻人。可能会有这样的表现：

- 在孩子的房间里发现毒品或吸毒用具。
- 家庭药箱里的处方药无端失踪。
- 钱和贵重物品无端失踪。
- 反复无常或态度不友好、无精打采或精神亢奋、撒谎、寻找各种借口、在学校表现不佳或失去工作等。
- 迫切需要钱。
- 和那些与毒品或者非法药物有牵连的人来往甚密。

对年轻的毒品或酒精滥用者，情况永远不乐观。如果你觉得孩子正在使用毒品，你要在准备好应对孩子的否认、指责和虚假承诺的情况下，和他（她）开诚布公地谈谈：

“我在你房间里发现了酒、吸毒用具、可卡因和大麻。我觉得这是个严重的问题，我现在要立刻和你讨论这个问题。”

如果孩子说：

“你偷偷摸摸到我房间里干什么？我跟你说，离我的东西远点！你不尊重我的隐私！”

然后你可以说：

“我理解你会有这种感受，但这不会改变我在你房间里发现酒和毒品的事实。对这个你有什么要说的？”

如果孩子想要争吵：

“每个人都这样，没什么大不了的！”

你可以直接转入正题，说：

“你可能觉得这没有什么，但是我不同意你的看法。我觉得这事关重大。”

如果孩子说：

“你这么大的时候也喝酒，我怎么就不能？”

你可以回应：

“可能我确实喝过，但并不代表那就是对的。还有，你这个年龄的孩子喝酒精饮料和使用烈性毒品总会引发问题的。我不想让你继续下去了。我觉得你需要帮助。”

如果孩子说：

“你真是老古董！我和所有人一样，不是吸毒和酗酒，只是体验一下而已。”

那么你可以说：

“你说的可能没错，但是你这个年龄喝酒和吸毒都是违法的。如果被警察逮到，闹上法庭可能要蹲监狱。不管怎样，沾上这些东西的人，都不会有什么好结果。我觉得你遇到了严重的问题，我们得采取一些行动了。”

技巧79 “要么改过自新，要么滚出去”

要想一家子和谐地住在一起，是需要父母和子女双方相互妥协的。父母应该尊重孩子的隐私，给予他们成长所需要的空间。同时，青春期的孩子们也需要理解家长的苦心。

尽管你和十几岁的孩子会有不同的价值观和看法，但作为家长，必须要设立强制性而又合情合理的界限。在孩子们出现违反纪律或者行为不当时，不要使用空洞无力的威吓，你应该找到更明智的处理办法。

你可以说：

“既然你住在这所房子里，我们希望你能够遵守家长制定的规矩。如果你对这个有意见，我们可以谈谈。”

“我理解你喜欢和朋友们在外面待到很晚，但是我们家的纪律是如果第二天要上课，你必须在……之前回家。”

“当你自己住的时候，你可以想做什么就做什么，但是在此之前，你必须尊重我们的意愿并且遵守家里的规矩。”

“我们虽然有点儿独裁，但并不代表我们不能商量。我们可以好好谈谈。”

当孩子满足了你的期望时，要通过让他获得一些特权作为奖励以强化积极的行为。

你可以说：

“你能够对家庭有所贡献，并坚持遵守规矩，我们很高兴，所以我们想告诉你你可以在一些方面拥有特权。”

技巧80 “你父亲（母亲）和我准备离婚”

家庭的分离毫无疑问对孩子和父母来说都是最有压力的事情。充满爱意的父母往往希望保护孩子避免离婚这一残酷事实所带来的伤害，但是，父母的沉默只会让孩子更加疑惑并产生更多的不安。毕竟孩子已经在双亲关系紧张的环境下生活了多年，所以父母向孩子隐瞒他们的分手不会有任何好处。

根据大多数的婚姻家庭咨询顾问的看法，最好的方法是父母双方一起告诉孩子，但是不要提及导致离婚这一决定的残酷原因。要直接、诚实，用能够让孩子理解的语言告诉（她）。你可以说一些这样的话：

“我和你父亲（母亲）结婚时，彼此非常相爱。你出生时，我们非常快乐。现在，你也是我们最大的欣慰——这一点永远不会改变。咱们家的一切在一段时间里都非常好，直到我和你父亲（母亲）开始经常争吵。现在我们都觉得生活在一起不会幸福。即便我们为此感到难过，但离婚、不再生活在一起是对你父亲（母亲）和我最好的选择。”

永远不要让孩子承担你的痛苦，不要逼他们选择和谁生活，也不要把作出决定过程中所有的细节都告诉孩子。不要说一些让孩子觉得他（她）是造成你们离婚的理由的话：

“我们想让你明白的是，你不是造成这一切的原因。我们离婚的原因是你父亲（母亲）和我生活在一起不快乐，于是我们不想再维系这段婚姻了。”

要强调父母双方谁都不愿意放弃孩子。你可以说：

“即使我们不会继续生活在一起，你父亲（母亲）和我还是会一直爱你的。我们会尽到父母的责任，并看护着你。不管发生什么，你永远是我们的孩子。”

在和孩子谈到离婚时，要关注他（她）的需求，并做好回答各种问题的准备：

“我会遇到什么事情？”

“我要和谁生活？”

“我住在哪里？”

“我由谁来抚养？我生病了谁来照顾我？”

“我还能去看爷爷奶奶吗？”

“我该怎么跟老师和朋友们说呢？”

你可能无法回答孩子提出的所有问题，但是要告诉他（她）你会尽你最大努力帮助他（她）解决出现的任何问题和情况。你需要做好准备面对孩子各种各样的情绪反应。一个6岁的孩子可能会问出直指问题核心的问题，但是十几岁的孩子磐石般的沉默可能会伴随着之后的愤怒和指责。

专家们建议离婚的父母要毫无怨言地接受孩子的强烈反应和感受。你可以说：

“我理解你为什么感到愤怒和沮丧，但是不管怎样，我们还是你的父母。我们仍然爱你。”

年长一些的孩子——特别是13到19岁的孩子——可能不希望公开谈论他们的感受。如果你们向孩子施加压力，除了使情况变得更糟糕之外，可能不会有任何好处。你最好缓和一下情绪，说：

“我知道我们离婚让你很难接受——对我们所有人来说这都很困难。我希望你知道的是，你的感受对我们很重要，而我们也理解你需要时间考虑一下所发生的事情。”

“不管你希望怎样，你父亲（母亲）和我都不会再在一起了。”

如果一段时间后，孩子依然不愿意和你说话，或者不接受离婚这个事实，你可能要为你和孩子安排一次专业人士的咨询。

技巧81“这是我的新朋友”

孩子与你可能再婚的人的第一次会面是至关重要的，会为你们这段关系定下基调。把可能成为你伴侣的人当做“朋友”介绍给孩子可能会让他（她）感觉更好些。计划一个孩子喜欢的活动，你们就可以在之后开始交谈，比如去动物园、公园或者参加体育活动。

你这样把朋友介绍给孩子：

“迪安，我想把我的新朋友金介绍给你。金，这是我儿子，迪恩。我和金说了很多关于你的事情，她希望见见你。我请金和我们一起去公园。金喜欢小动物，就跟你一样！她养了两只猫！迪恩，我们一起去公园的时候，你跟金讲讲你的宠物吧？”

如果他们聊得开心，你的孩子将对你的朋友形成一个积极的印象。逐渐延长你们三个在一起的时间，这样每个人都可以对彼此有更深的了解，相处也会更舒服。你要想到的是，孩子和朋友都想获得你全部的关注。平衡你与他们各自交谈的时间，这样，他们就都不会觉得自己受到冷落了。

你可以找个借口离开一段时间，鼓励孩子和新朋友单独交谈。你可以告诉朋友一些孩子的兴趣以帮助你的新朋友和他进行交谈。你的朋友也可以分享一些他（她）的兴趣，也可以问一些问题。以下是一些例子：

"你想听一个关于我家猫咪的趣事吗？"

"你怎么想起给你的仓鼠起这个名字的？"

"在学校里，你最喜欢的科目是什么？"

"我听说你是个超级棒球迷。你觉得哪个队今年会成为冠军？"

技巧82 "我要再婚了"

对孩子来说这是很正常的——不管父母是什么年龄——当已经离婚的家长决定重新约会并最终决定再婚时，他们都会感到沮丧或者担忧。把你的结婚对象描述成"新"母亲或者"新"父亲可能引发孩子的反感，违背了他（她）对亲生父（母）亲的忠诚，并可能由此引发对之前家庭破裂的恐惧。

要有耐心，并能从孩子的角度考虑以获得一些警示。毕竟，要求孩子接受离婚、新的生活安排、新的家庭关系、再婚以及可能还有新兄弟姐妹的加入是要耗费大量精力的。淡化改变可以降低孩子拒绝你未来配偶的可能。你可以说：

"谁也不希望取代你的父亲（母亲），但是我很喜欢……而且将来我们可能会结婚。当那一天真的到来，他（她）会和我们住在一起，并成为我们家的一员。"

"索尼亚，我希望你能够更深入地了解伊娃，因为将来我和她会结婚。"

"你觉得我和格兰特结婚的想法怎么样？"

"托比和我决定要结婚。我们彼此非常相爱，并且希望和你住在一起。我们生活中已经习惯了的一些事情可能会发生变化，我知道你可能会有很多问题。我们会努力回答这些问题。不过我希望你记住的是，你依然是我生命中最重要的人，我永远都在你身边。"

技巧83 "奶奶永远地走了"

父母希望在他们深爱的人离开时保护孩子不受痛苦和悲哀伤害，这是人之常情。但是儿童心理学者们建议父母应该鼓励他们的孩子顺畅地表达恐惧和他们对死亡的感受。专家们还建议家长在坦率解释所发生的事情之后，给孩子们一个温暖的拥抱。不要用什么"奶奶永远睡着了"这样的委婉说法让孩子感到困惑。

比如，如果祖母去世了，家长可以说：

"你知道奶奶去世了，我们再也不能见到她了。你很爱奶奶的，对吧？"

"奶奶去世了，我们都很难过，她不会和我们生活在一起了。"

"奶奶去世前告诉我说，她非常爱我们所有的人。"

"我们都会想念奶奶的，对吧？"

孩子可能会问很多关于死亡的难以回答的问题。在这种情况下，你可以说：

"有时候人们去世了，我们也不知道为什么。"

"有时候一个人去世了，他（她）永远没法再活过来。"

"像奶奶那样年迈的人平静地去世是很正常的事情。这样结束漫长而快乐的一生是最好的结果。"

和孩子交谈时的“要”和“不要”

- **不要**说：“我年纪更大，更有智慧。”
- **要**说：“我不同意你的看法，但是请你告诉我为什么你会这样想？”
- **不要**说：“因为是我说的，这就是原因。”
- **要**说：“你知道规矩，我希望你遵守这些规矩。”
- **不要**说：“你永远无所作为！”
- **要**说：“你可以做成任何你想做的事情——如果你有足够的信心。”
- **不要**说：“你不应该那样认为。”
- **要**说：“跟我说说为什么你会这样想。”
- **不要**说：“我告诉过你了。”
- **要**说：“我们都会犯错，只是要从错误中吸取教训。”
- **不要**说：“你为什么就不能像你姐姐（哥哥）那样？”
- **要**说：“你和你姐姐（哥哥）都有自己的天赋，我深爱你们每一个人。”
- **不要**说：“你就跟你父亲（母亲）一样！”
- **要**说：“你是一个独一无二的人。”
- **不要**说：“你怎么能这样对我？”
- **要**说：“要对自己的行为负责——它们会对别人产生很大的影响。”
- **不要**说：“如果你知道什么对你有好处，你就会按照我们说的做了。”
- **要**说：“我们爱你，即使对你的做法不认同，我们也会支持你作出的决定。”

第 14 章

对父母要多点幽默感

显然你很爱你的父母，但是当他们一直把你当成一个 13 岁的孩子时，那真能让你抓狂！你的父母是不是还把你当做十几岁的孩子，哪怕你已经成年了？他们是不是还总是告诉你什么对你才是“最好”的，应该怎样花钱，应该怎样生活？你很烦，可能会说些没心没肺的话，然后挑起毫无意义的争论，让每个人都感到沮丧、受伤和愤怒吗？

如果你对上面这些问题的答案都是“是”，那么在与父母沟通方面，你还没有掌握成人的沟通模式。你无法选择自己的父母，但是你可以选择和他们的沟通方式。下面的内容告诉我们如何打破成人 — 孩子的沟通模式，并指引你与父母进行更加开放的、卓有成效的交谈。基本策略是：倾听、询问真实情况、考虑他们的建议、作出你自己的决定，最重要的是，保持自己的幽默感！

技巧 **84** “别再把我当小孩！”

不管你有多大，在父母的眼中，你永远都是孩子。你要接受的事实就是，他们有时候会不赞同你的行为、生活方式或者决定，就像你处于成长期时一样。当你的父母严厉斥责你的计划或者梦想时，不要立刻反唇相讥。保持沉默、深呼吸几次，努力让自己的情绪远离他们的批评。也就是说，对他们的评价不要那么敏感，也不要在他们提出反对时就立刻有所反应。在这个时刻，你的策略就是倾听然后要求他们进行详细解释。

你的父母可能会告诉你该做什么——他们这样做是出于他们对你的关心，而不是因为你需要他们的建议。不要和父母争论，而是要考虑这个策略：小小的让步是为了能够走自己的路。“让步”在这里意味着显示出真诚倾听的意愿，但不是必须要接受他们的建议。询问和倾听表明你的灵活性和接受度，仅这一点就可以满足你父母全面介入你生活的期望。比如，如果你母亲总是对你的外表发表让人不快的评论，你可以说：

“你不喜欢我的头发，到底是哪一方面呢？颜色？长度？发型？它到底哪里让你不满意了？”

如果你母亲说：

“好吧，从它留长开始，我就看不到你的眼睛了！而且你还把它染成了红色！大多数女人都希望有像你原来那样自然的金发！”

你可以回应说：

“我知道了，还有吗？”

即使你父母的批评变得很激烈，你也要保持冷静和镇定。记住，你不用为自己辩解，不需要同意或者顺从——你所要做的所有事情就是听。使用有反馈的倾听技巧，然后转述你母亲的话。这表示你听到了也考虑了她的观点。以下是一些反馈式倾听的例子：

“妈，如果我理解得没错，你希望我的头发前面短一些，而且更接近它自然的颜色，对吧？我没听错吧？”

“妈妈，我看看是不是理解了你所说的。你建议我把刘海剪短，并把颜色改回原来的金色，这样我会更加吸引人。您是这个意思吗？”

这样说就给了你父母机会，他们会说：

“是的，我就是这个意思。你终于肯听我说话了。”

“不是，我不是这个意思。我这样给你解释吧。”

下一步就要考虑你父母的建议和观点，而不是立刻反对他们的想法。你要表现出正在考虑他们的意愿并尽力认同他们所提的那些意见。以下是一些你可以向父母说的话，表明你确实考虑了他们的观点：

“妈，我会考虑您说的。”

“谢谢您告诉我我有一头漂亮的头发。我从没想过您会这样看。”

“您说的……可能是对的。”

“这我倒是从来没想过。”

要为获得尊重而努力，而不单单是为了认可

当你父母对你的发型、生活方式、家庭的价值观或者情感方面的问题发表意见时，要向父母声明你的观点：你不一定要获得他们的同意或者许可。毕竟，希望他们尊重你有自我选择的权利是公平的。为了强调这一点，你可以说：

“很明显，我们在……方面没有达成一致，不过您可以有自己的观点，同样，我也可以有我的。”

如果你的父母总是就某一个敏感话题喋喋不休：

“我来这里是为了和你们度过一段美好时光的，而不是为了争吵。

你们不介意我们现在谈点别的事情吧？”

技巧85 “不用你来教我怎么生活！”

下一次，当父母再想规范你的人生时，要记住：自我控制和倾听是应对他们这种企图的重中之重。不论他们说什么、做什么来贬低你的独立性和自我价值，发脾气和反唇相讥只能使他们更加确信：你还不成熟，无法作出明智的决定。从另一方面来讲，如果你就困扰他们的问题能够倾听并发表意见，你父母的反应可能会有所不同。

当你征求父母的意见时，你会：

- 满足他们作为父母培养、塑造你的需求。
- 给他们关心你或者提出反对意见的机会。
- 从他们的经验中获得益处。
- 不放弃找到认同点的机会。
- 不放弃冷静下来并避免发脾气的机会。
- 留时间做一个巧妙的回复。
- 保留考虑第二选择的自由，而不用通过争吵被迫作出决定。

比如，你可以说：

“妈，爸，关于我从邮政公司辞职自己创业这件事情，我已经仔细考虑过了。这是我一直想做的事情，而且我决定要去做了。你们觉得怎么样？”

如果你的父母这样回应：

“在这种经济情况下辞职创业？你疯了吗?！你知道有多少人想拥有像你这样稳定的工作？你的退休金、医疗保险怎么办？你要用脑子好好想想！你不能辞职！”

你可以说：

“我知道您最关心我，我也听明白您说的话。您关于经济疲软、工作稳定性的观点我都听进去了。但是我很好奇，如果您在一个枯燥得能让人发疯的工作岗位上干了10多年，您还会有事业方面的雄心壮志吗?”

如果你的父母回应（可能会更缓慢一些）道：

“好吧，首先，如果我没有找到下一个工作，我是不会辞职的。”

你可以说：

“我同意这个建议，所以我才会在业余时间去卖蛋糕，还把自己赚的钱都攒了起来。问题是，我的蛋糕供不应求，生意实在是太好了！如果换作是您，您会怎么做?”

你可以对他们的关心表示感谢，并这样建议：

“感谢您这么关心我要换工作这件事情。您是对的。干这件事情得冒点险，我会认真考虑您的建议。可能我会找一个同样想经营蛋糕店并想找个合作伙伴的人。这个主意值得考虑。”

你的父母可能会更乐观地回应你：

“好吧，至少这样做可以降低风险。那么你就不用辞去邮政公司的工作了，对吗?”

你可以拒绝他们想要控制你的生活的企图，你可以说：

“妈，爸，我希望你们知道我很重视你们的意见，哪怕我们不总是能够达成一致。你们已经提出了一些好的看法，我想在作出决定之前先考虑一下。但是，当我作出最终决定时，我会按照我认为最好的方向努力的。”

尽管很多责任感极强的父母此时会放弃对你的干涉，但有的也会继续坚持。别忘了，如果你的决定与你父母的建议背道而驰，他们还会否决你——并且会让你知道。尽管这样，如果你还是决定要掌握自己的人生、建立自己的信心、实现自己的梦想，那么你可能作了一个正确的决定。毕竟，你知道什么对你是最好的，而最终你的父母也会支持你的决定，因为这会让你获得更加快乐和圆满的人生。

技巧86“我想借点钱”

向父母借钱是需要技巧的，因为人们可以用很多不同的态度来面对这个敏感话题。不管你父母对于金钱的态度如何，你可以确定的是，他们对毫无情感诉求的借款基本上是持消极态度的。

在你犹豫地踏进父母家借钱之前，想想他们对自己的财务状况和前景是如何看待的。

永远不要低估他们对自己财务安全的关注程度。你可能没有意识到金融债务、医疗问题甚至是一次憧憬已久的假期都是花费不菲的。如果你的父母觉得自己的经济状况不容乐观，就不要开口借钱。为了了解他们经济状况，你可以问：

“你们买的股票最近表现如何？”

“既然您和妈都退休了，您觉得靠退休金过日子还过得去吧？”

“您去年的投资收益如何？”

“您最近有没有什么比较大的投资计划？”

如果你的父母问你为什么会突然对他们的财务状况感兴趣，要诚实以对。如果你的目标是买套房子，你可以说：

“我想买一套房子，所以我想知道你们有多大可能借给我一点钱作为首付。是这样的，我不想把我额外的经济压力转嫁给你们，这就是我询问你们经济状况的原因。”

要事先想好向你父母借钱的数目，确保他们借给你的钱是安全且值得的。然后向他们解释你计划怎样归还。你可以说：

“我为了买这套房子，已经存了5年的钱了，最近才发现一个比较满意的地方。问题是我还需要5000美元，才能交清首付。如果你们愿意，我想差不多借这个数目，并且在5年内连本带利都还给你们。”

如果父母拒绝了你的请求，那么就接受这个结果。永远不要说：

“啊，得了吧，您和我妈出得起。”

“我真不敢相信您还因为我没还您那500块钱而生我的气。”

“尼娜的爸爸借给她1万块钱买了套房子，你们怎么就不能借点钱给我呢？”

对待家庭借贷要像对任何商业借贷一样

家庭借贷因为协议是口头或者草率签订的而经常发生纠纷。坚持以明确文字达成书面协议可以使各方的责任明晰。这表明你以近似于商业贷款的形式获得了借款，并且愿意保持诚信。此外，如果你尊重父母并重视你们的关系，不要老忘记每个月的还款时间，也不要延期付款。也就是说，如果你不想归还，永远不要向父母借钱。

技巧87“我的婚姻完蛋了”

大多数父母都希望自己的子女婚姻幸福，所以告诉父母你要离婚了，对他们、对你都是件痛苦的事情。你都可以想见，当他们知道这个消息时感受到的沮丧、悲伤、愤怒、内疚、羞耻和失望。所以，当你告诉他们你的决定时要镇静和坦率。你可以这样说：

“爸、妈，我有点重要的事情告诉你们，是关于苏西和我的。这个消息可能会让你们难受。我们决定离婚了，因为很长时间以来我们俩过得都很痛苦。在过去的几个月里我们一直在做心理辅导以弥合彼此的矛盾，但没有任何效果。我们都觉得离婚对两个人是最好的解决办法。”

但是，父母会觉得你在作一个错误的决定，并试图说服你改变主意。他们可能向你施压以挽救你的婚姻。你可能会面对一些父母提出的常见的问题或者意见，你可以一一回答它们。

如果你的父母说：

“我们一直以为你们俩很幸福。你们肯定能够想出办法解决问题的。”

你可以说：

“我知道这对你们来说很难接受，但是我们离婚是因为彼此不再相爱了。”

如果你的父母说：

“可是孩子们怎么办？你们怎么能这么做？你们打算怎么对他们说？他们住在哪？我们还能继续去看他们吗？”

你可以说：

“我知道你们关心孩子们。很显然，我们也关心，但是生活在一个家长不断争吵的家庭里，对孩子成长没有好处。离婚对我们每个人来说都不容易，但是我们会挺过去的。我们会和律师一起对生活安排进行协商。而且，你们可以看望他们。他们永远是你们的孙子（女）。什么也不会改变。”

如果你的父母说：

“我们为你们两个做了那么多事情，你们怎么能这样对我们？你们两个就是一对被宠坏了的孩子！我们那个时候，人们到死都不会离婚！”

你可以说：

“我能理解你们为什么这么难过。我们心里也不好受，但是我们已经决定了要离婚，这是最后的决定。相信我，无法挽救婚姻让我感觉很糟糕，但这就是事实，我们也要面对。每个人都会没事的，只是需要点时间。”

尽管父母对你的离婚会感觉很糟糕，但他们还是会支持你的决定，并且说：

“我们很遗憾你们俩婚姻不能美满，但是我们也知道你们两个很长时间以来都不幸福。你必须作出你认为是最好的决定。如果有什么我们能帮上忙的，一定要让我们知道。我们一直都爱你们两个。”

技巧88 “不要和她结婚!”

你鳏居的父亲最近遇到了一个喜欢的女士，而且他们已经开始谈婚论嫁了。很自然地，你父亲和他的新恋人彼此倾心，但你不确定他们结婚是不是一个好的想法。事实上，你觉得过于沉溺爱情会影响你父亲的判断能力。

多数成年的子女都希望看到单身的父亲或者母亲能够再次得到美满婚姻。但是，如果你强烈感觉到你父（母）和未婚妻（夫）并不适合彼此，怎么办？你有资格提出你的观点，并希望你的父（母）在事情不可挽回之前取消婚礼。那么，你该怎样巧妙地告诉你的父（母），和这个人结婚将是一场灾难？如果你最初的反对让你和继父（母）有了一次糟糕的开始，怎么办？

对父（母）关于潜在配偶的选择提出质疑需要大量的技巧和开放的态度。即使成年的子女也会感到汹涌的愤怒、悲哀和很多其他的情绪。不要怒吼着：“妈妈会怎么想?!”或者其他一些让人不安的言论，你要对这次婚姻的疑虑表达得更加巧妙。你可以用问题或者评论来回应，比如：

“我对她不是很了解，所以我不知道结婚是不是一个好主意。我的第一感觉是你应该再多考虑些时间。”

“说实话，我有点吃惊，你竟然想到要结婚，而你和她交往才不过1个月。”

“你觉得她对你合适吗?”

“她很不错，不过和您的生活方式好像不一样。你确定你们两个能够合得来吗?”

“为什么这么着急呢？您不想给自己多留些时间看看事情会怎样进展吗?”

如果你的爸爸（妈妈）确实决定要再婚，要记住：

- 这是他（她）的决定，你应接受并表示出尊敬。
- 把继父（母）和你的亲生父（母）作比较是很不明智和伤害感情的。每个人都有好的方面。
- 你的支持、热情与合作，你的灵活应对会帮助你父（母）的第二次婚姻成功。
- 你不用立刻喜欢上继父（母），但是周到、礼貌和尊重是必需的。
- 给你的新关系一些时间建立信任和关心。

技巧89 “我要和一个与我习俗不同的人结婚”

多数父母都会在一定的习俗环境下抚养自己的子女，因为他们就是这样长大的。你们所遵从的习俗为你的家庭在这个动荡的世界里提供了安全感、传承感和价值感。父母总是希望他们的子女会遵从自己的习俗并和一个有着同样习俗的人结婚。

如果你决定和一个来自于另一种环境的人结婚，就要为由此可能引发的家庭冲突做好准备。你父母和其他家庭成员会不太高兴，你不仅违背了自己的习俗还伤害了他们所珍视的东西。当然，这样的反应会有点极端，但是如果能够巧妙地把自己的决定告诉全家，会有助于你父母和家人理解并尊重你的新配偶。

为了能够使这次跨越习俗的婚姻顺利进行，你的策略是争取家庭的容忍和尊敬，而不是他们的同意。有些典型的问题和评论你是注定要面对的，而你需要以巧妙的方式回应。转述你所听到的并表明你的确是在倾听，并询问后续问题，这会帮助你们跨越这一极为敏感的家庭雷区。

如果你的父（母）说：

“你违背了你的习俗。你怎么能这样做？”

你可以说：

“我理解你很难过，但是为什么和不同习俗的人结婚就意味着我要背叛家庭呢？”

如果你的父母说：

“你要按照哪种习俗来过日子呢？”

你应该直接而且要真诚，顺着说：

“我们共同遵从双方的习俗（或者你们双方都已经达成的共识）。”

如果你的父母说：

“你们会按照我们的习俗来教养孩子，对吧？”

你可以说：

“不完全是，我们已经决定了，我们家的孩子要以两种习俗结合的方式教育。”

如果你父母说：

“我们该怎么对我们的朋友说呢？”

你可以说：

“我理解这让您很为难。我确信我们的一些朋友也会反对。但是您能给我解释一下，他们和我们作出的决定有什么关系吗？”

如果你的父母说：

“习俗对我们家庭很重要。你这么做是我们家的耻辱，我永远不想再见到你。”

你可以说：

“我知道您很难过。您不用同意我们的决定，但是我希望您能够更加宽容并给我们一个证明的机会。”

技巧90 “你开车的时候是个危险人物”

想象一下对于一个家长来说，如果自己已经成年的子女对自己说：“就这样吧，您再也不要开车了！”这会是多么耻辱和压抑的一件事情啊！失去开车的能力对于一个上了年纪的人来说不仅是一个人身安全的问题——还是涉及自尊和独立的问题。当讨论开车这个话题时，要对父母的拒绝、愤怒和不合作有所准备。

如果你直接冲着父（母）亲喊着：“您的开车技术真恐怖！”很可能对方会为自己辩护。从另一个角度来说，如果你能巧妙地告诉父（母）你对他们安全的担忧，你就可能获得更通情达理的回应。以下举例通过一些开放和封闭式的问题提出父母开车的问题，而又不挑起与他们的争论：

“哎呀，妈（爸），我发现您的车有几个新的凹坑，尾灯也破了一个。这些是怎么回事?”

“告诉我，妈（爸），您最近有没有什么驾驶方面的问题?”

“您夜里开车或者在高速公路上开车是什么样呢?”

“您最近有没有受到警察的调查或者有没有发生什么小事故?”

“您那些不开车的朋友们怎么出门呢?”

“最近有没有收到罚单啊?”

如果你的父（母）亲反击，不要惊讶：

“你在干吗，管教我吗?”

你可以回应：

“不，我只是问问您开车的情况，因为我担心您的安全。”

如果你的父（母）亲想打消你的忧虑，说：

“听着，不用担心！我知道怎么开车。别忘了，还是我教会你怎么开的呢！”

这时也是你开启对话的理想时间。找到双方都认同的观点，然后平静地陈述你的观点。

“老爸，我不是质疑您开车的技术。但您的车又多了几个凹坑。还有，您最近已经有两次交通违章，现在又把保险杠撞坏了。您需要改改驾驶习惯了，要等有人受伤就晚了。”

如果你的父（母）亲生气了，说：

“可笑！我开车一点问题都没有，这个问题我们不做讨论！”

附和你父（母）亲的观点，然后重申一下你的观点：

“我理解您觉得自己开车的技术没有问题，但事实却是另一回事。您最好想想，然后告诉我您的打算。不要再出意外了。”

给父（母）亲时间接受你的想法，放弃开车

你会建议对他（她）进行逐步的限制，可以限制每天的时间段、路线或者出行距离。这样做可以使你的父（母）亲在时机合适的时候，能够轻松接受“挂匙（不再开车）”的想法，而不会发生争吵，从此可以避免严重的意外。

技巧91 “我们想把您送进养老院”

你年迈的父（母）亲是不是越来越无法集中精力和注意力了？他

（她）是不是经常忘记吃药、饮食不规律或者需要全天看护？提议神志越来越不清醒或者身体状况越来越差的父（母）亲接受看护，或者搬进养老院可能是一次艰难的谈话。老年人护理领域的专家们提供了以下一些方法，以帮助想要为父母提供特别护理的成年子女。

在你开始和父（母）亲讨论这个问题之前，先要有所准备。决定父（母）亲需要什么样的特别护理，并了解能够有什么样的选择。这些服务包括家庭护工定期来访、搬到养老院或者在情况特殊时，在疗养院接受持续的医疗护理而不用事先考察这家机构或者与院长会面。

只要有可能，要与父（母）亲讨论护理的必要，以使他（她）能够认识到自己的状况。如果你的父（母）亲拒绝帮助，要提醒他（她）近期的状况，使他（她）注意到问题的严重性。

比如，你可以说：

“爸，还记得上周您摔倒了，手碰到了炉子，烫伤了吗？您冰箱里，除了我给您买的东西已经没有什么食物了，家里的垃圾也至少有一周没有清理了。我觉得如果请个人一周5天来照顾您，这样您的生活就会轻松些。您同意吗？”

如果你的父（母）亲否认请护工的必要性或者不想住进养老院，那么就请你的父（母）亲的医生给他们写一份特别推荐。这份推荐的重点是介绍出于健康、幸福、安心和提高生活质量考虑进行的特别护理的好处。

你可以这样说：

“妈，我很关心您的健康，您的医生和我的看法一样。我们都很担心您饮食和吃药不规律。您还记得上次见过的朋友吗？琼斯医生请您考虑一下搬到退休社区，在那里，您可以有自己的公寓、合理的饮食和精心的医疗护理。还有，您可以在那里结交很多新朋友。”

只要是有可能，要允许他（她）参加一些计划详密的活动。你可以先独自对一些机构进行预先考察，了解一下机构的人员组成和住宿情况。而后再向你的父母介绍，住在这样一个地方对你和他们都有很大帮助。

比如，你可以说：

“我昨天去参观了山景老年人社区，这个社区给我留下了深刻印象！您不用为自己准备三餐和购物而担心，里面还有很多社会活动。想想看，您周围会有很多人，会有很多乐趣。还有，知道您的基本生活有人照料，我也就放心了。”

然后，你可以描述一下该机构所提供的服务的一些特别之处，比如食物、员工、活动和住宿情况。你可以这样说：

“您真应该去看看他们餐厅的菜单！就像是四星级餐厅！那里还有不少友好的医生、护士和康复指导，还有其他服务人员为您服务。还有，我等不及想给您介绍一下他们的公寓、游泳池、桑拿室、游戏室，还有其他的设施。我觉得您真的会喜欢那个地方。”

安排一次你和父（母）亲一起参加的考察，了解他（她）的看法。然后，如果可能，要达成一致的决定。你可以说：

“那么，您觉得怎样？如果您能够住在这个所有事情都有人照顾的地方，您不高兴吗？您喜欢那里的人吗？您想不想试试？”

如果你的父（母）亲担心财务方面的安排或者其他一些细节。鼓励他（她）把担忧说出来，你可以说：

“您好像有点犹豫。您犹豫什么呢？跟我说说您的想法吧。”

如果你的父（母）亲说：

“所有这些要多少费用？我担心的是钱。”

你可以回应：

“我已经把所有费用都列了出来，我们可以就这些谈论一下。爸，您看一下，没有一分钱是白花的，如果您觉得不妥，我们再商量一下。不过现在我觉得这对您来说是最好的投资了。您说呢？”

和父母交谈时“要”和“不要”

- 与父母交谈的时候，**要**尊重他们。
- **不要**假设你和父母的价值观相同。
- **要**征求他们的建议和意见。
- **不要**指望父母能够把你从棘手的处境中解救出来。
- 父母为你做了一些事情时，一定**要**表示感谢。
- **不要**把自己的父母和朋友的父母对比。
- **要**接受你父母的为人，并努力与他们好好相处。
- **不要**纠结于很久以前父母让你生气的事情。
- **要**原谅父母在养育你的过程中所犯下的错误。

第15章

亲戚之间要彬彬有礼

少数亲戚们俗气的言辞、固执己见的观点、尖酸的评价或者多管闲事的问题有没有让你抓狂过？你是不是和某个兄弟或姐妹处处较劲，导致你们的关系紧张？你的某位姻亲有没有强迫你做你避之唯恐不及的事情？你是不是曾经多次提醒你的亲戚，他们极力反对的是你的个人决定？

毫无疑问，绝大多数亲戚可能像毛茸茸的小猫一样可爱，而对付家里那些讨厌鬼们绝对是项挑战！即便如此，巧妙地应对可以打消他们干涉你的念头，并且按照你自己的意愿做事情，不受他们的干扰。

技巧 **92** "管好你自己吧！"

很多情况下，你都想告诉你固执己见的亲戚们：不要管我的事情。但是为了家庭和睦，你还是需要灵活地将难以摆脱的亲戚们不受欢迎的评论和建议转移方向。当你勇敢面对这些捣乱的行为时，你获得的不仅是他们的尊重而且为自己建立了信心，你成功让他们停止了对你的干涉！

比如，如果你多管闲事的嫂子问你赚多少钱，你可以说：

“哎哟，这两年的生意相当不错。我恐怕没办法告诉你准确数字，不过总体来说情况不错。你怎么想起问这个？”

如果她说：

“哦，我在考虑进入这个行业，不过我想知道到底能有多少回报。所以，你能赚多少？”

你可以这样回应：

“这是一个相当私人化的问题，你知道的。不过如果你考虑事业转型，为什么不找个下午到我办公室来一趟，我给你更详细地介绍一下。”

如果喋喋不休的岳母试图强迫你把你的孩子送到一个昂贵的私立学校而不是到公立学校就读，她会说：

“我实在是不理解，哪个有爱的父母会考虑把孩子送到公立学校。每个人都知道公立学校的老师除了拿高薪以外什么也不会。你不这样认为吗？”

深深呼吸一下，然后以一种坚强但是友好的口吻说：

“没有必要。我认识的很多家长，他们的孩子都在当地的小学上学，他们对自己孩子的进步感到很欣慰。我参加了校园开放日活动，拜访了校长和很多老师，他们给我留下了很深刻、很好的印象。但是我很好奇你怎么会对公立学校有这样强烈的第一印象？”

如果某个“万事通”大舅子不断用激将法想让你买一张昂贵的运

动跑车，他会说：

“我的妹夫不要简洁版！不！先生！你需要的是能够激发你内心男子汉气概的东西！这是一辆超高性能的‘护卫舰’，它每个月的花费只比你那辆简洁版多155美元！”

你可以很平静地有策略地回应说：

“如果我理解正确的话，这辆运动跑车要比那辆简洁版车每个月多花费我155美元。听起来不是很多，不过我要用5年的时间偿还贷款。那么也就是说买这辆运动跑车要比那辆简简洁版车多花将近9000美元。抱歉，这辆运动车对我来说太奢侈了，我负担不起！如果你能买得起一辆‘护卫舰’，我倒是很想借来试试！”

当一个难以摆脱的亲戚对你想回到学校读书的想法泼冷水时，他会说：

“你要回到学校读书并成为一个律师？你可能要和一整班的孩子一起上课，他们可能得叫你爷爷！”

你可以承认对方的观点，然后寻求他的帮助。你可以说：

“可能你是对的。我会需要一些时间进行调整，不过那又怎么样？我希望得到一个待遇优厚的工作。而且，我觉得这就是实现目标的最佳途径。对了，你的邻居不就是个律师吗？你觉得他会不会愿意就我该上哪所学校给我点意见呢？”

技巧93 “请不要对我的配偶发表令人不快的评论！”

你的亲戚们有没有背着你的配偶，对他（她）指指点点？他们有没有用你配偶的缺点来刺激你？当你的亲戚和你的配偶进行面对面交谈时，他们是不是尖酸刻薄或者居高临下？如果你想要制止他们这种针对你配偶的明目张胆的不友好行为，你必须直接说出来，但是要巧妙。

为了你自己和你的配偶，要通过彬彬有礼的应对策略来亲戚们，不要引起争论。如果你明确表示你不喜欢他（她）所说的话，并希望对方停止这种令人不快的评论，他（她）可能会退却——至少是暂时的。以下是一些你可以让那些喜欢背后嚼舌头的亲戚停止中伤你配偶的例子。

如果你那好事的亲戚说：

“如果你想听我的看法，你应该和……结婚，这样你可能会比现在更幸福、更富有。”

这时候，你的语调要坚定、有力，你可以使用下列的一些例子：

“打住，梅阿姨。首先，我现在婚姻很幸福。其次，我并没有征求你的看法。我不喜欢你对我丈夫令人不快的评价。不过如果我丈夫的某些行为让你有坏印象，你为什么不直接提出来？”

“你这么尖酸地评价我的妻子，真让我难过。我知道你这些话只是开玩笑，不过对我来说你的评论就像是你希望我们的婚姻失败一样。你真的是这样想的吗？”

“我不赞同你那样贬低我的丈夫。这种行为真的很不好，我希望你能够停止这样做。”

“你可能不赞同我们的生活方式——你有资格发表你的观点——但是我们有资格选择我们的生活方式。我想如果你能把自己的观点保留在自己的生活范围内是最好的。”

“如果你觉得我的丈夫有什么问题，为什么不直接找他，把问题提出来？这样你就不用在背后嘀嘀咕咕了。”

技巧94 “这样的礼物可真是够糟糕的！”

如果你的亲戚赠送的所有礼物你都很喜欢，是不是很了不起呢？不过，这真是在做梦啊！就好像你的阿姨送了你一只超大号的碗，而你真正想要的是一个小号的煎锅。你的姐夫送了你一只烟斗，可是你刚刚戒了烟。你姐姐坚持给你买了件衣服，可是她穿着可比你好看。你的表兄送了一个他在夏令营时用浮木雕成的台灯，上面居然还有贝壳呢！这一堆没用、毫无创意的礼物简直没完没了！

对这些令人失望的礼物，明智的反应是先表现出吃惊，然后假装——对，假装——欣喜。最后，当然要说：“谢谢你。”

以下是一些相对冷静而又不是那么直接地表明你对这些礼物很失望的表示。你可以说：

“多棒的礼物，谢谢你！”

“谢谢你！这真是个有趣的礼物，很别致。”

“哦，谢谢！之前，我从没见过这样的礼物！啊？这是你做的？你的手真巧！”

平静地接受你需要的礼物也有隐患。你的阿姨会认为你喜欢她亲手做的雕像，所以下一年你如果再收到一个时，不要吃惊。不管怎样，如果你决定扔掉这个礼物，就要在你阿姨来访、发现你没有用她的手工作品装点咖啡桌时，准备好理由。

更常见的问题是如何告诉亲朋们你想要换一个礼物。当你面对这种微妙的情况时，要把送你礼物的亲朋拉到一边，有礼貌地这样说：

“我喜欢那件毛衣的颜色，只是我感觉大小不太合适。如果可以的话，告诉我在哪里买的，我想去换一个适合的尺码。”

“我觉得你送我的大浅盘相当漂亮，但是我遇到了些问题，我没有这么大的地方放它，而且，通常我也不会招待这么一大帮人。如果我去换一个小一点的，你不会不高兴吧？你能不能告诉我，你在哪里买的？我自己去换。”

技巧95“我再也不想和你争了”

“妈妈总是最喜欢你！”汤米·斯马瑟斯在《斯马瑟斯兄弟秀》中经常这样对他的兄弟迪基说。兄弟之间的争斗从孩童时代就开始了，可能会一直持续到他们成人。你有没有和兄弟或者姐妹一直处于竞争状态？你们之间的对峙是不是表面上很亲密但实际上都不愿意承认——非常严重？你们的对峙有没有因为要家人选择支持谁而伤害到他们？

打破和兄弟姐妹终生的竞争是个挑战。承认不良竞争所产生的伤害，并勇于面对这个问题会对开诚布公地解决它有所帮助。然后，你们每一个人都要对自己和相互间的关系重新进行定位。以下这些话表示你认为你和兄弟姐妹间的竞争有些过分了。

你可以说：

“我们之间的竞争以前是非常友好的，但是现在这竞争变得有点失控了——我有点担心。就我所知，我认为争论谁上的学校更好、谁赚的钱更多或者谁开的车更贵会伤害我们之间的感情。”

如果你的兄弟姐妹挑衅地说：

“放弃？我猜你最终发现我比你更优秀，对吧？”

你可以毫无恶意地回答：

“可能你是对的。我觉得我们两个都太看重这个竞争了，时间也太久了。让我们都冷静一下，好吗？”

如果你的兄弟姐妹想将你引入口角，说：

“有什么不对吗？你是不是太老了，或者厌倦和我比了？你终于要放弃了？”

你可以忽略他（她）的挑衅，冷静地回复：

“听着，和别人竞争在我们小时候是非常有趣的事。那时候对我们来说，竞争是激励我们的动力，但现在我觉得我们都不需要这个了。我们都有各自的所长，那为什么我们不放下竞争呢？而且，我觉得和我商业上的对手竞争要比和你竞争更有益。”

如果你的兄弟姐妹对自己的成绩夸夸其谈，或者贬低你最近所取得的成就，同时希望能够把你拖入这种争论，不要回应这种挑衅。相反，你要承认他（她）作为个人的价值。比如，你可以说：

“我觉得你能在海边和山区各买一所房子真是了不起。我很高兴看到你做得这么好，我也希望你能够继续这样。这些是你自己赢得的。不过你所取得的成就和我没有什么关系。”

如果你从与兄弟姐妹的竞争中退出，那么他（她）就必须要再找个竞争对象。既然这种模式进行了很长时间，那就不要惊讶于还会继续听到相似的抨击。你可以对这些再次发起的挑战这样回复：

“我看过这样一个故事，兄弟俩住得很近，但是他们10年互不来往，只是因为他们就是没法停下和彼此的竞争！即使他们在他们父亲的葬礼上见面的时候，还是互不说话。我绝不希望这样的事情发生在我们家，所以请帮你自己一个大忙——和别的什么人竞争吧。”

技巧96“你不能待在这里！”

有没有一些亲朋觉得你很乐于在他们拜访你的时候提供房间和住

宿？这样的想法可能会让你吃惊，不过很多人还是因为在不经意之间向亲朋们提供了开放式邀请而请来了讨厌的客人——特别是在家庭聚会的时候。有一种方法可以在有人利用你的好客时，帮你将人数减到最低。永远不要说：

“如果路过，请过来坐坐。”

“我们很愿意带你转转我们这个了不起的城市。”

“我们刚刚把客房重新粉刷了一下。”

“现在的酒店贵得要死，所以我们买了个露营帐篷，这样就可以只花5美元就能舒舒服服地在里面睡觉了。”

如果你在家庭聚会建议大家都来，就要做好准备。你可能会接到关系很远而又不受欢迎的亲戚的电话：

“记得去年的家庭聚会上，你说我们可以过去拜访是吧？我妻子和3个孩子下周会到你们那里。我们在想是否可以和你们待上一段时间。”

所以，你怎样对不速之客挂出“没有空余房间”的牌子，再挂断电话呢？即便你已经显示了你的好客，你也可以通过下面任何一种道歉、借口或者无伤大雅的小谎话来取消邀请。

以下是几个如何灵活地收回好客之意的例子：

“我说过？那真是很久以前了。我很抱歉，不过我们下个周末另有计划。你们知道我们当地酒店的名字吗？我希望你在镇上时，我们至少可以有一点时间去拜访你们。”

“这个时候可真不凑巧，下个周末我们要出城去。”

“真可惜，那个周末我们会有一屋子的客人来访。”

“我很抱歉，但是这整个月都不可能了。我的工作太忙了，我没时间招待客人们。”

如果你的亲朋说：

“哦，我们不会打搅你的。我们不需要什么惊喜。我们会像教堂的老鼠一样，悄悄来、悄悄走。”

你可以说：

“我肯定你们不会带来什么麻烦，但我之前说过了，这个时候来客人真的很不方便。如果你愿意，我很乐意为你们在我们这里的酒店预订房间。你们的标准是多少？”

技巧97“请明天走”

如果你愿意让亲戚住在家里，你可以一开始就先向客人们声明“住宿规则”，以减轻自己的压力、尴尬和不方便。比如你当然有资格说：

“你们什么时候到？想在这里待多久？”

关键在于你要说一些限定客人的停留时间的话：

“欢迎你周三过来和我们一起住，但是之后可能就要靠你自己了。”

“如果你想找个住处，在这里多待一段时间，我们这里有些不错的汽车旅馆。可能你想先了解一下，然后找一个在你预算之内的旅馆。”

要以友好的态度告知你的亲戚，到目前为止，你很期待他们的来访。你可以面带微笑地列出住宿规则：

“吃完食物，请帮我收拾一下。”

“你喜欢做饭？在我们家的厨房你可以自由发挥，不过做完后，记得收拾一下。”

“还有顺便提一下，拐角有一家杂货店，你可以在那里买牛奶、咖啡、面包和鸡蛋，或者你想要的任何东西。”

“还有，请不要在房子里吸烟，我对香烟严重过敏。”

怎样要求客人离开

如果客人的来访超过了你好客的极限，那么你就需要巧妙而坚定地要求客人离开。你可以拉着亲戚的手，面带微笑，表示你已经准备与之道别并回归到之前的生活了。你可以这样说：

“你来看我们真是太好了，而且我希望你喜欢在这里的时间。我希望我们能够有更多时间在一起，但是，我还有很多事情要处理——比如粉刷我们的客房。你旅行的下一站是去哪里？”

如果你已经尽力表达了自己的想法，而对方还是没能理解现在是该离开的时候了，就要直接提出，不要担心会冒犯他（她）。毕竟，这是

你的房子，再说，还能有什么比扰乱别人生活的亲戚更不受欢迎的呢？你可以说：

“我很高兴你能来看我们，我也了解了你家里的情况。但是我得说实话，我需要找回自己的私人空间。这不是针对你，但是就让我们把今晚当做你造访的最后一晚吧。”

技巧98 “不，我帮不了你”

亲戚们总是喜欢提出一些不合情理的要求。这些要求各种各样，但是它们可以用同一种方法解决——一个坚决的“不”字。

说得太多是很多人都会犯的毛病。就算你觉得拒绝别人让你感到不安，也不要自作聪明地捏造借口。很有可能，你想要避免难堪而编出的谎言会被揭穿。这样，你可能就会被迫对他们的要求让步。一种有效的策略就是有礼貌地拒绝要求。你可以说：

“尽管我很想，但是我真的没法帮你。”

然后闭嘴，不管沉默会持续多长时间！每次当你执著的亲戚以另一种方式要求你伸出援助之手的时候，就使用在第4章中介绍过的“破纪录”的坚持技巧。你的亲戚总有一些特殊的要求，而你也总有坚定而又不失礼的拒绝方法。

如果你的亲戚要求：

“你能借给我500美元吗？我一发薪水就立刻还给你。我保证。”

你可以说：

“希望我能帮你摆脱困境，但是这不太可能。”

如果你的亲戚再一次要求：

“为什么不行？你的工资可不低呢。”

你可以说：

“瞧您这话说的！我很抱歉，但是我没法借给你钱。”

如果亲戚问：

“我们两个十几岁的孩子能不能在我们去欧洲旅行期间和你们住在一起呢？”

你可以说：

“不，我觉得这可不是个好主意，抱歉。”

如果他们还想说服你：

“为什么不行？我们的孩子不会惹麻烦的，他们可都是天使，我保证。”

你可以说：

“我知道你们的孩子肯定是很好的客人，但恐怕我不能帮你们这个忙。我们这个夏天已经有安排了。”

如果亲戚说：

“你能做木工活，而我需要一个新的卧室。你能不能帮我做些家具，这样我们的卧室很快就可以完工了。”

你可以说：

“我希望能够帮助你，但是我恐怕得拒绝你了。我真的很抱歉，但是不行。”

如果亲戚想强迫你，说：

“不需要你做很多工作。来吧，这有什么大不了的？我们是一家人，不是吗？”

你可以说：

“我们当然是一家人，这也是为什么我不能介入其中的原因。我怕我的工作结果无法让你满意。抱歉，但是如果你能够找一个承包商来做你所说的工作，效果会好很多。我可以给你一个我认识的人的电话，他可能会对这个工作有兴趣。”

如果你甜言蜜语的亲戚要求：

“你能不能帮我的哥们解决一下他一团乱麻的税务问题？他真是太需要有人帮忙了。”

你可以说：

“我也很希望，但是我不可能再增加一个新客户了。我现在的工作容不得我分身。”

如果他还试图说服你：

“嘿！你让我看上去像个骗子。我可跟他说你是个大名鼎鼎的税务师，还是个好人。行了吧，你就不能帮帮他？求你了。”

你可以说：

“我不可能插手他的事情了。如果你愿意，我给你一个税务师的名片，他可以帮助你的朋友，但他是要收费的。”

如何使用拖延战术

当人们被一种要求震惊了或者失去了警惕时，他们经常会发现自己答应了本应拒绝的要求。如果你的亲戚试图通过使你感到内疚或通过恭维让你失去原则时，就要采取拖延战术直到你有能力拒绝。以下是一些拖延的办法：

“呃，我真的不能现在告诉你，我明天给你答复。”

“我想和我丈夫（妻子、老板、搭档等）商量一下，然后再谈谈这个问题。”

“我觉得那个周末可能没有时间。我要先查一下我的日程安排，然后给你打电话。”

别忘了，你没有必要为拒绝对方的要求而给出任何特别的解释。如果有必要，在和对方交谈之前，先计划或者练习一下。你可以这样说：

“我很想帮助你，不过这不大可能。”

“我希望你能够成功，但是可能我帮不上什么忙。”

“我希望能够帮助你，不过我的医生嘱咐我不能搬重物。”

“恐怕我帮不上什么忙了。”

“希望我能帮上忙，但是我已经有别的安排了。”

“抱歉，我不得不说不。”

技巧99 “我们的孩子在吸毒（酗酒）”

在另一个家长面前承认自己的孩子有毒品或酒精问题，对家长来说是很难堪的事情。一些幼稚的家人可能会拒绝承认这个问题的存在，或者拒绝你提出的寻求专业帮助的建议。一些自私自利的家人可能会因为你举了一个贫乏的例子来责备他们太过仁慈、没有提前发现滥用毒品的迹象而生气。以下是一些告诉家人们你的孩子有毒品问题以及你正在采取的措施的方法。你可以直接地说：

“爷爷，帕特最近回家的时候，总是满嘴酒气。开始，我们没觉得这是个大问题，但我们接到了学校的电话，他逃学了。我们和他谈了一下，但是好像没有什么效果。上周，他因为酗酒被警方逮捕。我们去看了一下，他们建议帕特参加一个滥用酒精的治疗计划。我们都参加了家庭教育和治疗课程，这些课程也邀请您去参加。”

如果家人说：

“我孙子参加了一个酒精治疗计划？你们这些傻子！帕特只是一个十几岁的孩子，他正在享受自己的好时光，偶尔喝点小酒罢了。我开始喝酒时也才十几岁，也没发现这对我有什么伤害。让我和他谈谈，我会让他改正的。”

你可以这样回复：

“谢谢您的帮忙，但是帕特正在滥用酒精和其他毒品，我们越早让他接受专业治疗越好。这问题不会自己解决的。康复顾问告诉我们说家庭关注程度越大，帕特就可以越早面对这个问题并摆脱酗酒或者毒品依赖。”

如果另一个喜欢品头论足的家人说：

“你应该把他送到军校去，就像我之前建议的那样，这样就不会发生这种事情了。你应该把这孩子赶出去，直到他把所有坏毛病都去掉。”

你应该坚持自己的立场，保持冷静，说：

“可能你的建议是对的，不过我不同意你关于把帕特扫地出门的看法。酒精和毒品滥用是一种病，应该受到专业治疗。我们会保护我们的儿子并在他需要的时候给予支持。”

技巧100“你让全家都感到难堪”

家族聚会总会带来亲戚们各种让人烦心的习惯。比如，你一贯节约的祖父是不是总爱向碰巧是内科医生的客人打听免费的医疗建议？你那不靠谱的兄弟是不是总迟到而且喝得醉醺醺的？你的嫂子是不是总喜欢和与她看法不一致的人争论？

这就是你的家庭，所以放轻松——除非一个无法控制的亲戚给你或者家庭中某一个成员造成特别严重的问题。如果真是这种情况，可能你需要走上前和他（她）私下谈谈。你需要保持冷静、不要挖苦或者说教，而是要运用轻松的语调和幽默让对方接受你的观点。以下是一些来自亲戚的典型的令人难堪的评论，以及你应该如何应对它们的例子。

当你节俭的亲戚说：

“我为什么不能让我的女婿给我看看牙齿？他是个牙医，不是吗？毕竟，我们做了晚餐给他，不是吗？”

你可以说：

“没错，他是个牙医；没错他在这里吃晚餐，因为他是我们的客人！如果你想做牙齿检查，干吗不给他办公室打电话做个预约呢？我想他肯定愿意看看你的门牙。”

当你那醉醺醺的表兄弟说：

“哦，得了吧，我再喝一杯就上路。”

你可以说：

“抱歉，但是你喝得已经够多了。如果你再喝，我可能就得找个手推车把你从这里推出去了。事实上，我得请菲尔叔叔开车送你回家了，因为你现在不能开车。晚安！”

当你好斗的叔叔指责你的兄弟时，说：

“任何想法和你一样的人都应该被捆起来，大卸八块。正是你这样的人才让我们国家的资源被耗尽了。”

你可以说：

“好了，很明显你们两个在政治观点方面是永远无法达成一致的，那你们为什么不在第三次世界大战爆发前，把这个话题放在一边？卡尔叔叔，为什么不给我们讲讲你上次去欧洲度假的情况？”

时刻记住，在很多情况下，粗鲁的亲戚一般都会接受批评，但是下次你的家庭聚会时，他们的把戏可能还会重新上演！

技巧101“让我们永远停止这样的争执吧”

你有没有和家里某个人有长期的争执？很久之前你们之间发生的不愉快是不是让你们其中之一或者双方都感到很愤怒，以至于你们从那以后再也没有说过话？家里的其他人是不是也因为你们之间的争执而感到难过？因为他们经常要充当和事佬的角色。你们之间的敌对是不是达到了你们不能同时出现在同一个房间中的程度？

老话说得好：“时间会治愈一切。”但这显然不适用于所有家庭争执。事实上，时间的流逝只会使你们之间的冲突激化。各种个人争执对家人产生的伤害和战争对各方造成的伤害是一样的。事实上，当亲戚们之间爆发争执时，家里的每一个人都受到了伤害。

走出第一步

结束家庭内部的争端是需要一些勇气的。为了帮助自己克服害怕遭到拒绝或者失败的恐惧，你可以问自己以下一些问题：

“尝试结束这种争执，我会失去什么吗？”

“如果结束争执，我会得到什么？”

“我的家庭会因为我尝试结束争端而失去什么？”

“我的家庭会因为我尝试结束争端而得到什么？”

以下是你为了结束争执而迈出第一步需要的一些其他理由：

- 对方可能正在等着你首先行动。
- 这表明你不再生对方的气了。
- 你愿意承认你自己的错误并在这次冲突中承担责任。
- 你已经重新考虑了冲突，你觉得对你来说这个分裂家庭的冲突已经不重要了。
- 你觉得把家庭从这种痛苦中解脱出来要比个人的骄傲或者分清谁对谁错重要得多。
- 你认为家庭的和睦比任何事情都重要，和睦对大家都有好处。

对治愈的过程要有信心和精神准备

重新建立两个愤怒的家庭成员之间的沟通需要时间、时机、耐心以及有步骤的计划。这个过程有合理的期待和循序渐进的步骤才会取得最好的效果。你可以开出一个“和解条件”或者向与你发生争执的亲戚道歉，道歉可以通过电话、信件或者第三方进行。

道歉永远不嫌晚

道歉的目的是消除对方心中的怒火以获得对方的谅解。你可以说：

“那是我生命中的一段疯狂时光，我做了很多让自己后悔的事情，我伤害了很多对我来说很重要的人。你生我的气，我一点也不责怪你。我很抱歉对你说了那些话，我希望你能够原谅我。”

“我为之前对你做的事向你道歉，我想你可能永远也忘不了。我只是希望你能够原谅我，这样我们就可以停止这么多年来一直不断的争吵。”

“我意识到这么长的时间以来，我已经不再生你的气了。我们相处得不好，我也应该负有一定的责任。我承认，我们在一些事情上面总是不能达成一致。我很抱歉说了那么多伤害你的话，希望你能原谅我。为了家里每个人，至少我们可以再次开始说话，可以吗？我想念你！”

“我欠你一个道歉，我很抱歉当时我发脾气了。我希望你能原谅和忘记，你还能和我做朋友吗？”

修复关系：每次一小步

把受到破坏的关系修复到冲突发生前的程度是需要时间的。要慢慢来，并且使相互之间的信任自然地建立起来。你们双方最终总会找到时机，在不感到互相抵触和情绪低落的情况下谈论到底哪里出现了差错。或者，你们永远不用讨论这个曾经让你们分开的问题。关键在于这个牵扯了很多家庭成员的争执终于结束了。当家庭又重新凝聚到一起时，每个人都会从中受益，并且得到快乐。

结论

这本书中写到了很多策略、技巧和建议，但是只有你应用在自己的情境时，它们才真正有用。你已经了解了如何在说话之前三思、有效地进行倾听、在重压下放松、坚持自己的看法并且应对难缠的人。有了这101种棘手情况的解说和上百种应答范例作为指导，你应该做好了在工作和家庭中与人们进行巧妙沟通的准备。

在你公开讨论一些微妙的话题而又不会使其他人感到难堪、受到冒犯或者产生抵触时，想象一下你所能感受到的信心。你学会巧妙的谈话技巧后，人们对此的反应可能会让你惊讶——他们会喜欢你、尊重你。除此之外，你还想获得什么呢？

关于唐·加博尔

唐·加博尔是美国的“谈话专家”，他出版专著，并举办针对各种专业人士的培训，以帮助他们提高社交能力，从而在商务和社交活动中建立卓有成效的人际关系。他还向高管、经理和雇员们展示如何更有效地与同事、客户交谈及合作。

对那些需要个性化训练的人们，唐还提供了一对一的指导，包括讲座、研讨、现场演练、沟通培训和个人咨询。自 1980 年开始他已经向各种学（协）会、商业机构、学校和跨国企业展示他的成果。他的客户包括万豪酒店集团、时代华纳公司、光琳贸易公司、谢尔曼和斯特林律师事务所、普华永道会计师事务所、维亚康母公司和其他众多企业。

唐自 1991 年起成为国家演讲者协会会员，并担任万豪酒店集团和斯普林特及福来托－雷公司的发言人。他也是各大媒体访谈的常客，唐的作品总印数已经超过 1000 万册。他还经常参加各种广播电视节目，包括安迪·鲁尼的“60 分钟访谈”。《纽约客》杂志称他为“天赋异禀”的谈话专家。

东方智库会员服务卡

感谢您对"东方智库"系列图书的认可与支持。当您购买了东方智库系列图书的任何一本书后，请将服务卡邮寄给我们。您将马上成为东方智库俱乐部的会员，不定期地收到东方智库最新的图书信息和相关资讯，并获得购书的折扣优惠。

为了更详细地了解您的阅读习惯和个性化的服务要求，我们正在进行读者调研。您的每一个建议都可能成为我们今后编辑、选题的依据。您的个人信息将被妥善保存，并将只用于把我们的书做得更好。

智慧在东方飞扬，来吧，我们期盼着您的参与！

请 您 参 与

1. 您购买《5 分钟和陌生人成为朋友Ⅱ》的时间是______年______月

2. 您是通过何种途径知道和购买本书的？

☐ 他人推荐　☐ 逛书店　☐ 机场　☐ 培训班、教材

☐ 报纸、杂志　☐ 网络　☐ 邮件信息

3. 请您在以下几个方面对本书给以评价

	很好	好	一般	差	很差
书　名	☐	☐	☐	☐	☐
专业性	☐	☐	☐	☐	☐
实用性	☐	☐	☐	☐	☐
观念新颖	☐	☐	☐	☐	☐
装帧质量	☐	☐	☐	☐	☐

4. 您当初是怎么决定购买这本书而不购买其他相关书的？

☐ 它确实写得很好，符合我的要求

☐ 虽然它写得一般，但已经是我看过的所有相关图书中最好的

☐ 没办法选择，我找不到其他相关图书

☐ 公司要求购买的，或相信专家及同事的推荐

☐ 其他 ________________________________

5. 这本书的哪些因素能促使您决定购买？（按重要度排序，请填写阿拉伯数字）

____书名　____封面　____目录　____内容　____文笔通俗　____定价　____专业性

6. 您认为这本书的定价为多少更为合理？

A. 25 元以内　B. 25~30 元

C. 30~35 元　D. 35 元以上

（背面还有，请填写）

7. 您觉得这本书哪部分写得最好,为什么?

8. 该书的上述内容中,您觉得哪部分内容可以突出些?哪部分简化些?

9. 您认为本书还需要改进的地方是……

10. 您对本社图书方面的出版建议是……

您的个人资料

姓名:________ 性别: ☐ 男 ☐ 女 出生年月:______年______月

文化程度: ☐ 硕士以上 ☐ 本科 ☐ 大专 ☐ 高中/中专/技校

工作单位:____________________ 职位:__________

通信地址:______________________________

邮政编码:__________ 电话:__________ E-mail:__________

请与我们联系

地址:北京市海淀区交大东路 60 号舒至嘉园 3 号楼 1101 邮编:100044

电话:010-62239845 传真:62234081 E-mail:morch@vip.sina.com

联系人:郑春蕾 手机:13701253668 互动微博:weibo.com/dfzk